自分史上最高のパフォーマンスを引き出す

知性を鍛える
究極の筋トレ

井谷武
Takeshi Itani

マガジンハウス

はじめに　～「筋トレは自分には必要ない」と思っているあなたへ

はじめまして。フィジカルトレーナーの井谷武《いたにたけし》です。

現在、僕はパーソナルトレーニングや京都大学柔道部の特別技術指導員として活動するかたわら、世界最高峰の総合格闘技ＵＦＣフェザー級第４代王者マックス・ホロウェイの専属コーチもつとめています。

僕は今でこそ、いろいろな方たちに「いいカラダしてるね！」「何をしたら、そんなに筋肉がつくの？」と言われるようなボディを手に入れましたが、小さな頃は虚弱体質で痩せていて、身体の弱い子どもでした。

そんな自分を変えたくて、強くなりたくて、13歳で柔道と筋トレを始めました――。

筋トレは、スポーツ選手のためだけのものではなく、肉体美を作るためだけのものでもありません。

実際に、世界のエリートたちは「健康管理ができる」「自信がつく」「土壇場で無理が効く」などの理由から、筋トレを日常生活に取り入れています。

筋トレは「思考」を変え、「知性」を磨き、人生を前向きに突き進んでいくための〝力〟をつけてくれるものなのです。

私たち人間が身体を動かせるのは、筋肉があるからです。立つ、歩く、呼吸する、話すなど、生命に直結した身体の運動は、すべて筋肉の働きで成り立っています。つまり、筋肉がなければ、私たちは歩くことも呼吸することもできないわけです。

また、**筋肉は身体の中の熱源**となっています。体温が維持できるのは、筋肉が熱を出しているからで、人間の身体の熱生産の6割を筋肉が担っているのです。

さらに、身体の中でダブついた脂質や糖質を、筋肉が消費してくれています。

筋肉の〝凄さ〟は、まだまだたくさんあります。昨今、最新科学で筋肉の興味深い働きが続々と解明されています。なかでも、筋肉がある種の「内分泌器官」として働いていることは、専門家の間でも注目されています。

筋肉から、なんと100種類もの健康に役立つホルモンが分泌されていることがわかっているのです。

★筋トレをすると……**有効なホルモンが分泌され、とても「前向きな思考」になる**
★筋トレをすると……**脳の海馬で「BDNF」が増え、「知力」が高まる**
★筋トレをすると……**脳の認知機能が強化され、「注意力」&「記憶力」が向上する**
★筋トレをすると……**基礎代謝が上がり、太りにくい身体になる**
★筋トレをすると……**筋肉がサポーターとなり、関節や臓器を守ってくれる**
★筋トレをすると……**「骨密度」を高めることができる**
★筋トレをすると……**サルコペニア（加齢などによる骨格筋量と骨格筋力の低下）を予防でき、健康寿命を延ばせる**

このように、**筋トレは「熾烈なビジネスの世界」を生きぬくための必須アイテムです。**
同時に、「人生100年時代」を生き抜くためにも不可欠なものです。

筋トレというと、特に日本のビジネスパーソンは「自分には必要ないもの」と考えてしまいがちです。しかし、「ビジネスで結果を出したい」と思っている人こそ、筋トレが必要なのです。

そして、ダイエット先進国のアメリカでは、今やダイエットの常識が変わっています。

「ダイエットするなら、筋トレ！」が常識になっているのです。

筋肉は脂肪や糖質を燃焼させてくれるので、筋肉が増えれば増えるほど、基礎代謝が上がり太りにくい身体になれます。

ダイエット情報が氾濫する昨今、間違った食事制限などでダイエットをして、悪循環に陥っている人たちが多数います。食事制限で一時的に体重が減ったとしても、体重と一緒に筋肉も落ちるので、ますます脂肪が燃えない身体になり、結局リバウンドしてしまうのです。

筋肉の量は何歳からでも増やせます。年齢制限はありません。50代、60代、70代、80代でも筋トレによって筋肉を増やすことができるのです。

90代でも筋肉が増やせたという、大変興味深い北欧の研究結果もあります。この研究は、80代から90代の高齢者に3カ月間筋トレをしてもらい、筋肉量を量《はか》ったところ、「瞬発力に関わる筋肉が大きくなっていた」というものです。

筋トレは、特別な人たちのためのトレーニングではありません。むしろ、誰にとっても必要なトレーニングなのです。

筋トレは、身体だけでなく〝知性〟と〝精神〟をも鍛えてくれます。

ビジネスで成功するためのメンタルを作るために、死ぬまで自分の足で歩くために、そして認知症にならないためには、筋トレをするしかありません！

＊

振り返れば、僕の人生はいつも筋トレに救われてきました。

柔道の試合中、右膝に大怪我をして、3人の医師に「一生走れない、柔道復帰などとても無理」と宣告されました。その失意のなかで、東京大学大学院・筋肉研究の権威、石井直方《なおかた》教授の本に出会い、筋トレを続けた結果、また走れるようになり、柔道にも復帰できました。

23歳の時、K－1選手と練習中、首の骨を骨折した時も、筋トレをしていたおかげで、筋肉が折れた首の骨を支えてくれて死なずに済みました。

それから、ハワイで盗難にあった時も、筋トレが最悪の事態をとてつもなく幸運な出来事に変えてくれました。

このことがきっかけで、UFC世界王者のマックス・ホロウェイと、総合格闘技ディスティニー世界チャンピオンの中川マイケルのコーチに就任しました。

これは、僕が長年、筋トレをして自分を鍛えていたからだと思っています。ちょっとしたコツを知って、筋トレを日々積み重ねていけば、いつの間にか、それまでの自分では考えられない体力と気力がつき、大きな結果につながるのです。


2012年より、僕は石井直方教授と、ソフトバンクホークスのストレングスコーチ高西文利氏に師事し、「筋肉の重要性」と「正しいトレーニング理論」を学んできました。

そして、『井谷式 4つの基礎トレ』を開発し、子どもから高齢者、ビジネスパーソン、トップアスリートまで幅広いトレーニング指導を行っています。

＊

本書では、僕が見てきた世界のトレーニング事情に始まり、筋トレや筋肉の凄さ、筋肉を増やす食事などを徹底解説し、科学的根拠のあるシンプルな筋トレ法、準備運動としての操体法などを紹介しています。

また、読者のみなさんのよくある心身の悩みにもお答えしています。

筋トレ情報が氾濫する昨今、何が安全で効果のあるトレーニングなのか？

あなたにはどんなトレーニングが有効なのか？

本書のなかで、あなたの悩みに寄り添いながら、必ずあなたに〝鍛えた身体と知性と精神〟を手に入れていただきます。

そして、筋トレなくして、あなたに明るい未来は訪れないことを断言します！

井谷 武

TRAINING

知性を鍛える究極の筋トレ
――井谷式「4つの基礎トレ」

老若男女、ビジネスパーソンからトップアスリートまで。
〝筋トレ〟はこの４つのトレーニングだけでOK！
自分史上最高のパフォーマンスを引き出します――

1

スクワット(脚)

2

プッシュアップ(胸)

3

ベントオーバーロー(背中)

4

ニートゥチェスト(腹)

サラブレッドの脚は「エリート」の証し！

強いメンタルの土台は足腰にあり

1 スクワット（脚）

KING of EXERCISE

「キング・オブ・エクササイズ」と呼ばれるスクワットは、主に下半身を鍛えるトレーニングです。大きな筋肉が鍛えられるので、効率よく筋力アップが狙えます。運動が苦手な人や続かない人にもオススメのトレーニング。やる気ホルモンが出るので、メンタル面にも効果あり！

この筋肉を鍛えよう！

大腿四頭筋・
ハムストリングスを
中心に全身強化

スクワットの効果

★ 全身強化
★ ホルモン分泌の促進
（メンタルの強化など）
★ ヒップアップ
★ 冷え性改善
★ 生活習慣病の予防…

POINT

つま先よりひざが前に出ないように

回数

まずは、20回×３セットやりましょう。できなければ、10回３セットでもOKです。セット間の休憩は、１分間。

②

前を見たまま、鼻で息を吸いながら、２秒でしゃがむ

①

足を肩幅に開き、手を胸の前で組み、少しひざを曲げ腰を落とす

背中を丸めると、腰痛の原因に。つま先からひざが出ると膝痛の原因に

ひざが内側に入りすぎないように。膝痛の原因に

前向きホルモンを
たくさん出そう！

POINT
すねと背が平行になるように

④
身体がぶれないように、口で息を吐きながら、1秒でまっすぐ立ち上がる

③
いちばん深くしゃがんだ時、ひざよりも股関節を下にする

スクワット 初級編

運動不足の人、ご高齢の方は…
２つのイスを使ってスクワット

回数

まずは、20回×３セット
やりましょう。できなければ、
10回３セットでも OK です。
セット間の休憩は、１分間。

POINT
背中が丸まらない
ように

①
足を肩幅に開き、イスの
背もたれに手をかけて、
少しひざを曲げ腰を落とす

少しずつで
変わるから！

②
3秒かけて後ろのイスに
腰をおろし、3秒で立ち
上がる

スクワット
上級編

物足りない人、より鍛えたい方は…
最適な負荷をかけてスクワット

回数

10回×３セット。
ダンベルの重さの目安は、
ギリギリ10回できる重さがベスト。
セット間の休憩は、１分間。

昨日の自分に
負けるな！

①

ダンベルを持ち、足を肩幅に開き、少しひざを曲げ腰を落とす

②

２秒かけて深くしゃがみ、１秒で立ち上がる

POINT

しっかり腰を落とす

スクワットはフォームが命！

簡単に正しいフォームでスクワットをする方法

スクワットは正しいフォームでやらないと、腰痛や膝痛の原因になります。スクワットを指導していると、なかなか上手くしゃがめない方がたくさんいます。ここでは誰にでも簡単に、正しいフォームでスクワットをする方法をご紹介します。高さ1.5cm程度の細長い板（井谷式スクワットバー）の上に乗ってスクワットをするだけで、正しいフォームが身につきます。

土踏まずでスクワットバーに乗り、バランスをとる。脚を肩幅に開き、手を胸の前で組み、少しひざを曲げ、腰を落とす

POINT

正しいフォームでできていれば、
スクワットバーから落ちることはありません。
スクワットバーの前に落ちたら、
前に体重が乗りすぎているということ。
反対に後ろに落ちたら、後ろに体重が乗りすぎています。
前後のバランスに注意してやりましょう！

スクワットバーから落ちないように、1秒でまっすぐ立ち上がる

前を見たまま、2秒でしゃがむ。この時、ひざよりも腰を深く下げる

タオルでも代用できます！

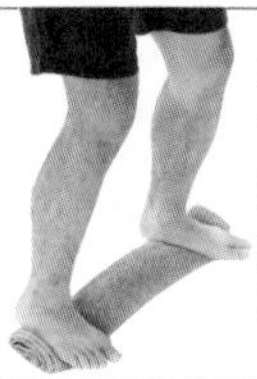

バスタオルなどを10cm程度の幅に折って、その上に乗ってスクワットしましょう

胸板の厚さは人望の厚さ！

自信がみなぎる身体をつくる

2 プッシュアップ（胸）

「胸板を厚くしたい」という人はとても多いです。実際に胸板が厚いと、「この人は鍛えているんだ！」と一発でわかってもらえる利点もあります。そして、スーツもよく似合います。
大胸筋はマストで鍛えるべき部位だと言っていいでしょう。

この筋肉を鍛えよう！

大胸筋・上腕三頭筋
など

プッシュアップの効果

★ 胸板強化　★ バストアップ
★ 二の腕ひきしめ　★ 冷え性改善
★ 肩こり改善…

①

手幅は肩幅の1．5倍。身体をまっすぐにして、2m先の床を見る

POINT

2m 先の床を見る

②

手と手の間に胸が来るようにひじを曲げ、鼻で息を吸いながら2秒で身体をおろす

・背中を反りすぎないこと。反り腰は腰痛の原因に
・手幅が狭いと、胸への効果が弱くなる

コツコツが
ムキムキ＆
モテモテに！

回数

まずは、20回×３セット
やりましょう。できなければ、
10回３セットでもOKです。
セット間の休憩は、１分間。

④

口で息を吐きながら、1秒
で元の位置に戻す

POINT

手首の上にひじが
くるように

③

胸を床につく寸前までお
ろす。この時、手首の上
にひじがくるようにする

プッシュアップ
初級編

運動不足の人、ご高齢の方は…
床にひざをついてプッシュアップ

回数

まずは、20回×３セット
やりましょう。できなければ、
10回３セットでも OK です。
セット間の休憩は、１分間。

①

手幅は肩幅の1．5倍。ひざをつき、2m 先の床を見る

POINT

おろす時は力を
抜かず丁寧に

②

手と手の間に胸が来るようにひじを曲げ、鼻で息を吸いながら3秒で身体をおろす。口で息を吐きながら、3秒で元の位置に戻す

プッシュアップ 上級編

物足りない人、より鍛えたい方は…
プッシュアップバーとイスを使って

回数

上がらなくなるまで
限界×3セット。
セット間の休憩は、1分間。

POINT
お腹の力を
抜かないように

弱い自分を
押し返せ！

①
ハの字の角度にプッシュアップバーを置き、イスに足を上げて、身体をまっすぐにする

②
鼻で息を吸いながら、ひじを曲げ2秒で身体をおろす。次に、口で息を吐きながら、1秒で身体を上げる

背中で人生を語れ！

パワフルな背中を手に入れる

3 ベントオーバーロー（背中）

ベントオーバーローで背中を鍛えて、カッコイイ背中になろう！
誰もが惚れ惚れする広背筋や脊柱起立筋は世界のエリートの〝必需筋〟。
目指せ!! 逆三角形!!

この筋肉を鍛えよう！

脊柱起立筋・広背筋
など

ベントオーバーローの効果

★ 姿勢改善　★ 肩こり改善
★ 腰痛予防　★ サルコペニア予防…

②

鼻で息を吸いながら、1秒で両ひじを上げて、肩甲骨を寄せる。

①

足を肩幅に開く。胸を張り、背中を床と平行にして、ひざを少し曲げる。腕は自然に下におろす

下を見ると猫背になり、腰痛になるおそれがあるので注意

回数

まずは、20回×３セット
やりましょう。できなければ、
10回３セットでも OK です。
セット間の休憩は、１分間。

部下や後輩は
背中を見ている！

POINT

肩甲骨を
しっかり寄せる

④

口で息を吐いて、２秒かけて元の位置に戻す。

③

肩に力が入らないように、
ひじをできるだけ上に上げる

初級編

「ベントオーバーロー」がきつい人は、イスに座って「バックエクステンション」

回数

まずは、20回×３セット
やりましょう。できなければ、
10回３セットでもOKです。
セット間の休憩は、１分間。

筋トレは心のトレーニングだ！

POINT
背筋を伸ばす

POINT
おじぎをするように
股関節から上体を倒す

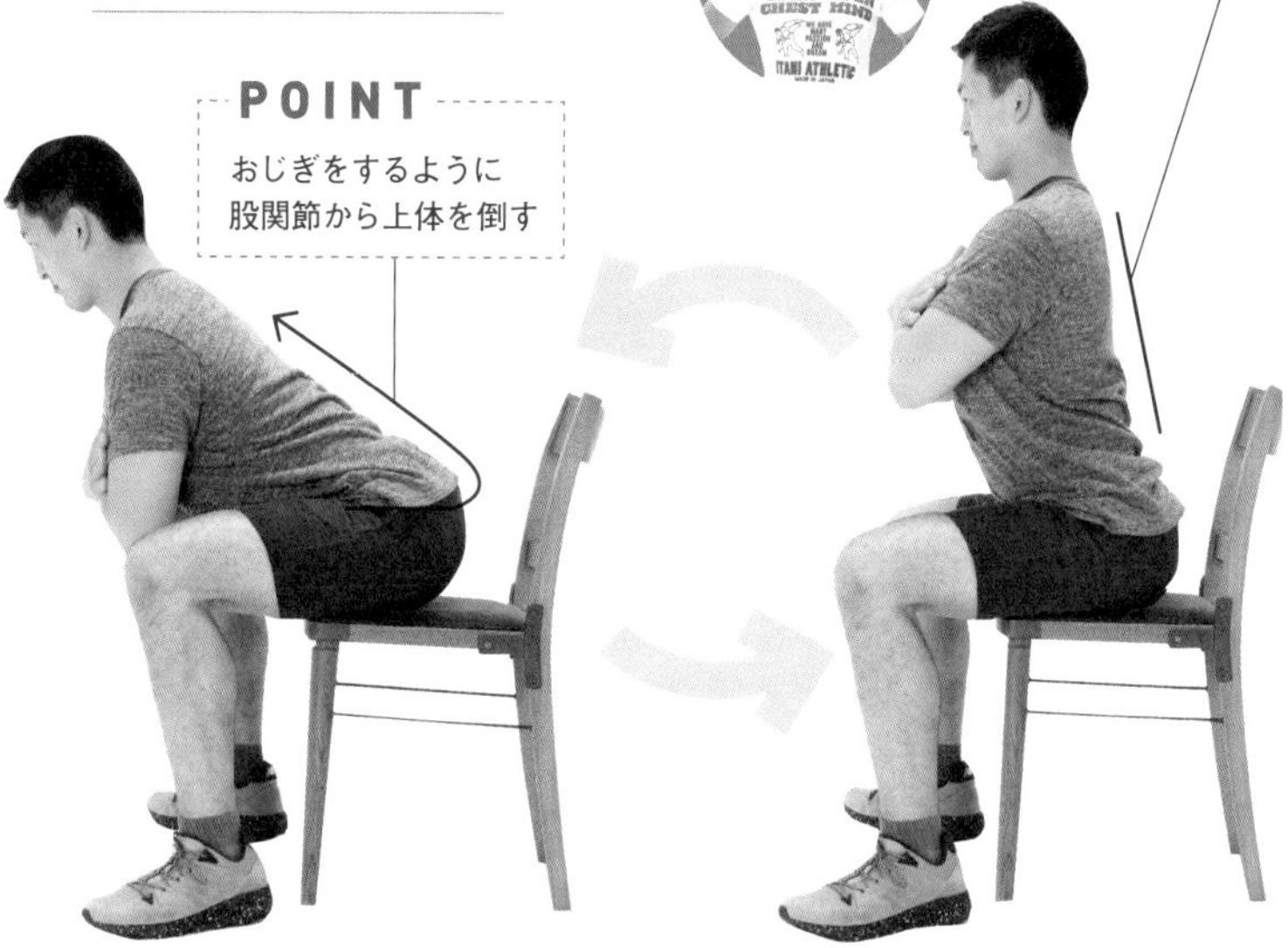

②
背筋を伸ばしたまま、３秒で上体を前に倒す。３秒で上体を元の位置に戻す

①
足を肩幅に開きイスに座る。背筋を伸ばして、腕を胸の前で組む

ベントオーバーロー上級編

物足りない人、より鍛えたい方は…
ダンベルを使ってベントオーバーロー

①

ダンベルを持ち、足を肩幅に開く。胸を張って、背中を床となるべく平行にして、ひざを少し曲げる。腕は自然におろす

POINT

背中が丸く
ならないように

回数

10回×3セット。
ダンベルの重さの目安は、
ギリギリ10回できる重さがベスト。
セット間の休憩は、1分間。

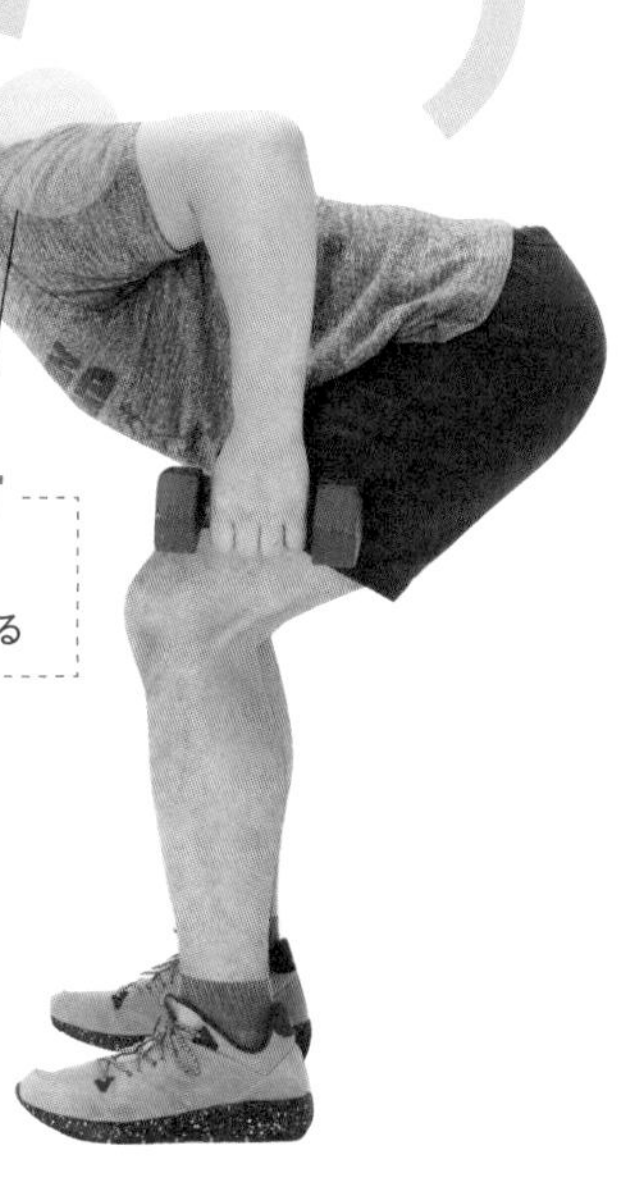

POINT

肩甲骨を
しっかり寄せる

つらくなってから
がおいしい！

②

肩に力が入らないように、
1秒かけてひじをできるだけ上に上げる。2秒で元の位置に戻す

たぷたぷお腹とおさらばしよう！

できるビジネスパーソン必須のシックスパックへ

4 ニートゥチェスト（腹）

男女ともにいちばん多いのが「お腹のぜい肉をなんとかしたい」という悩み。
世界のエリートは、「シックスパック」のボディを手に入れています。
ニートゥチェストで、腹直筋と腸腰筋を鍛え、お腹を引き締めよう！

この筋肉を鍛えよう！

腹直筋・腸腰筋
など

ニートゥチェストの効果

★ ウエスト引き締め
★ 猫背改善
★ 腰痛予防…

回数

まずは、20回×３セット
やりましょう。できなければ、
10回３セットでもOKです。
セット間の休憩は、１分間。

①

腰を下ろし、両手をつい
て脚を浮かせる

POINT

地面スレスレに
脚をまっすぐ伸ばす

②

息を口から吐いて、１秒で
ひざを胸に近づける

NG

顔が上を向いてしまうと、
お腹には効かない。
背中を反らさないで、上
体をしっかり丸めること

めざせ！
板チョコ!!

④

息を鼻から吸って２秒かけて、脚を元の位置に戻す

POINT

息を吐きながら
しっかりと上体を丸める

③

ひざと胸がくっつくくらいに、上体を丸める

ニートゥチェスト 初級編

運動不足の人、ご高齢の方は…
イスを使ってニートゥチェスト

回数

まずは、20回×3セットやりましょう。できなければ、10回3セットでもOKです。

セット間の休憩は、1分間。

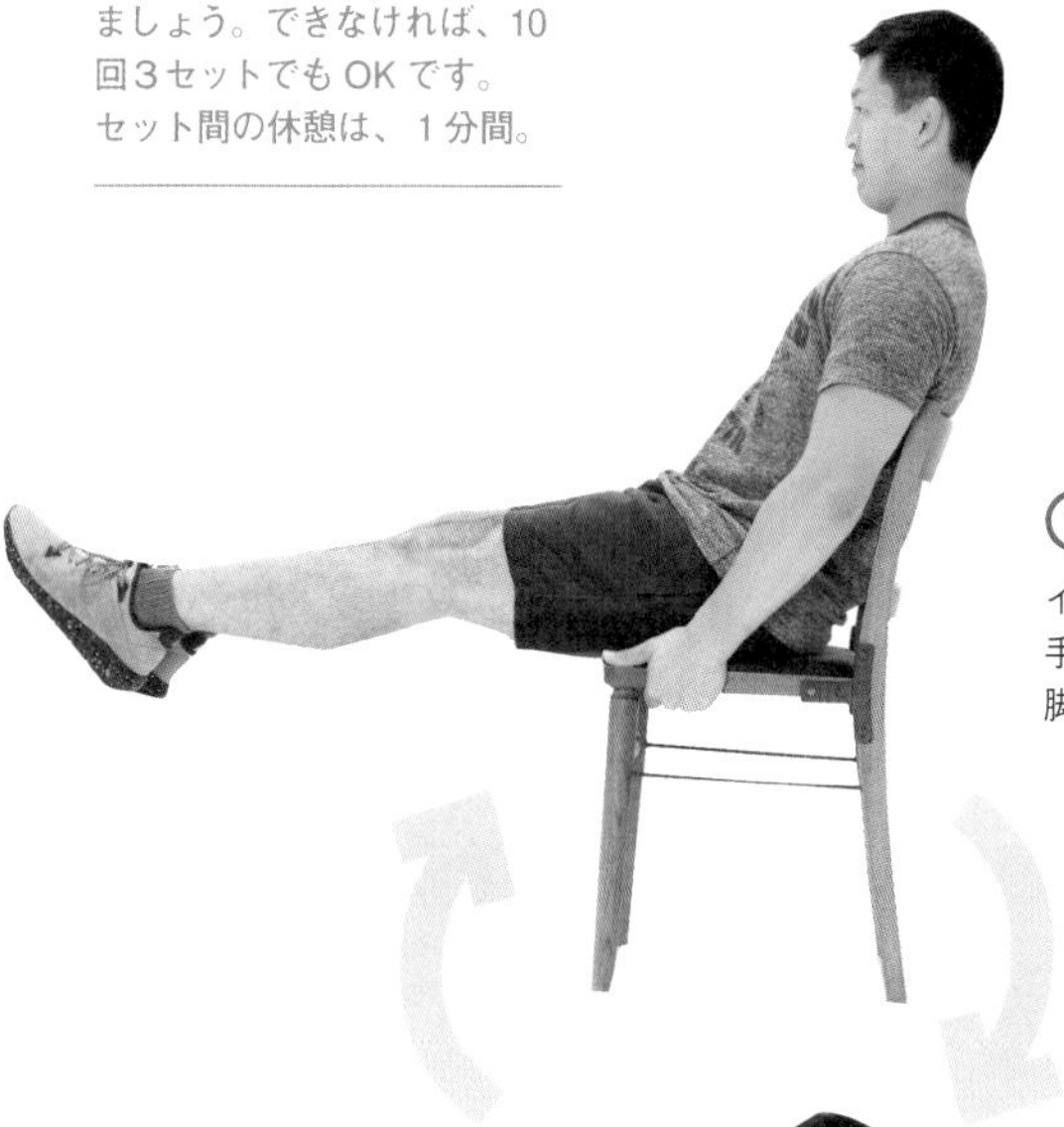

①

イスに浅く腰掛ける。両手でイスの両端を掴み、脚をまっすぐ伸ばす

POINT

ひざをしっかり胸に近づける

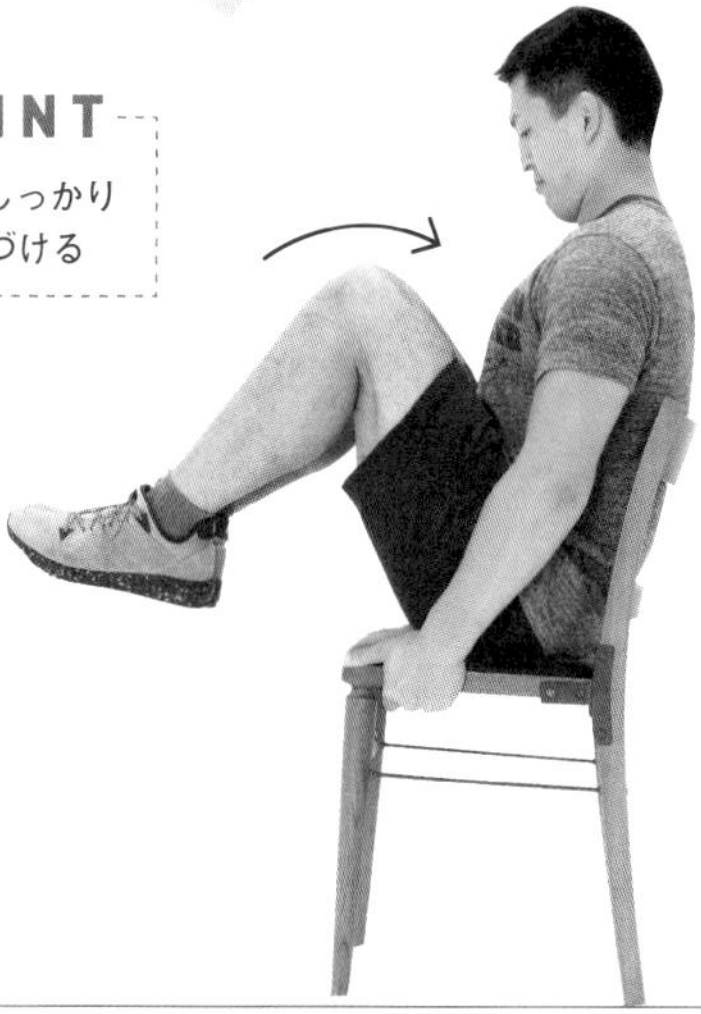

つらさの先に6パックが待っている！

②

息を口で吐きながら、3秒で両ひざを胸に近づける。次に、息を鼻から吸って、3秒で両脚をまっすぐ伸ばす

ニートゥチェスト 上級編

物足りない人、より鍛えたい方は…
ダンベルを使ってニートゥチェスト

回数

10回×３セット。
ダンベルの重さの目安は、
ギリギリ10回できる重さがベスト。
セット間の休憩は、１分間。

POINT

ダンベルを
落とさないように注意！

①

腰を下ろし両手を横にそえて、ダンベルを挟んだ脚を浮かせる

ふるえるまで
追い込もう！

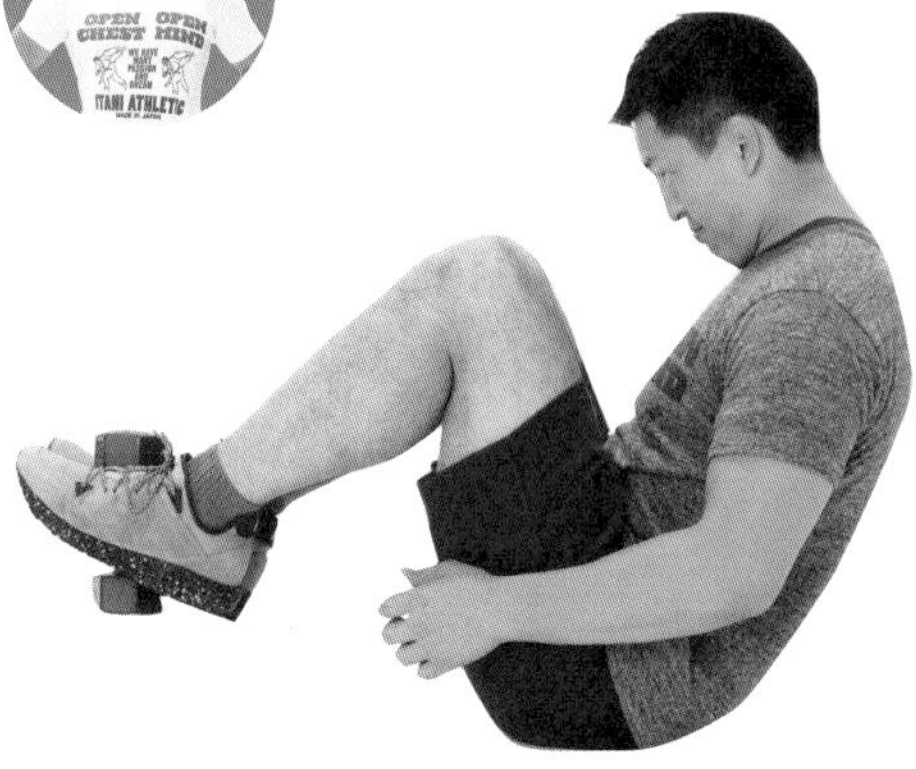

②

息を口から吐いて、１秒でひざを胸に近づける。次に、息を鼻から吸って２秒かけて、脚を元の位置に戻す

「4つの基礎トレ」習慣プログラム

「4つの基礎トレ」を生活習慣に取り入れるための〝3つのコース〟を提案します。おすすめのA「ベーシックコース」、毎日運動のB「ストロングコース」、週1回運動のC「ソフトコース」です。自分に合ったコースを選択してください。心と身体と知性を鍛えましょう！

着実に心身を鍛えたい人は…

A ベーシックコース 週2回

「下半身(脚＋腹)」と「上半身(胸＋背中)」を週1回ずつ鍛えるコースです。何曜日でもOKです。曜日を2つ決め、習慣化するようにしましょう！
※1回トレーニングをしたら、48～72時間は筋肉を休ませてください。

〔下半身(脚＋腹)〕

ニートゥチェスト(腹)

スクワット(脚)

ベーシックコースの例

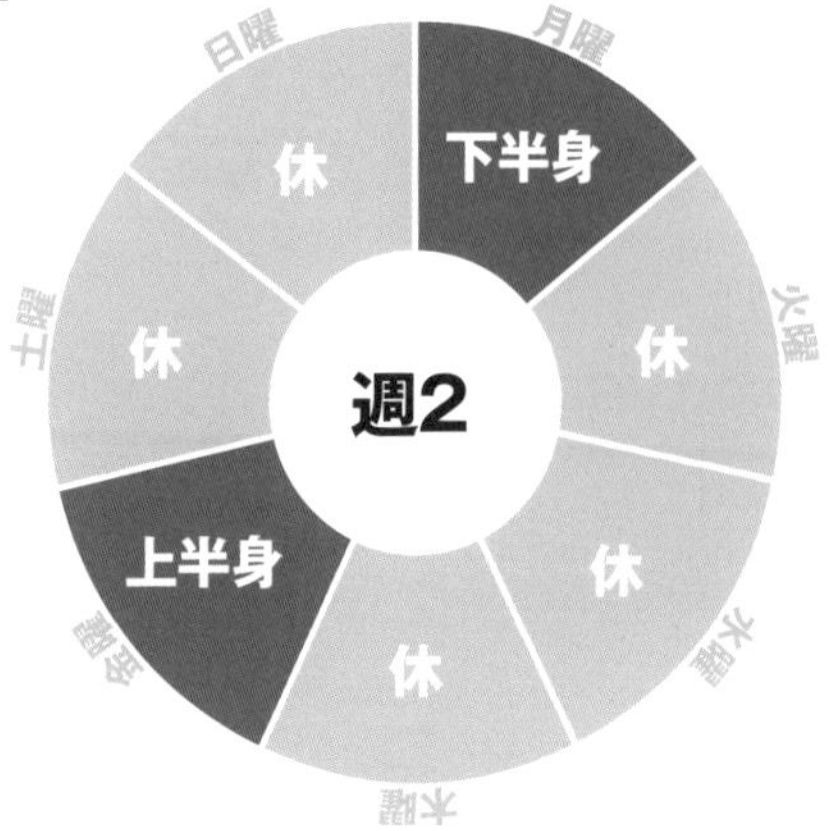

・下半身と上半身を
　週２回トレーニング
・48〜72時間、
　間隔をあける

上半身（胸＋背中）

プッシュアップ（胸）

ベント
オーバーロー
（背中）

各20回×３〜５セット。
できない人は
各10回×３セットでもOK！
めげずにやろう！

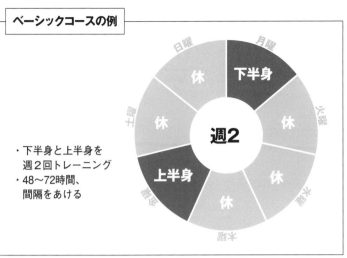

最短で筋肉量を増やしたい人は…

Bストロングコース 週6回

「4つの基礎トレ」を、毎日1つずつトレーニングする本格的なコースです。トレーニングの順番は、1「スクワット」(脚) ⇒ 2「プッシュアップ」(胸) ⇒ 3「ベントオーバーロー」(背中) ⇒ 4「ニートゥチェスト」(腹) ⇒ 休みという流れです。まずは、3か月継続すること。筋肉を鍛えまくりましょう！

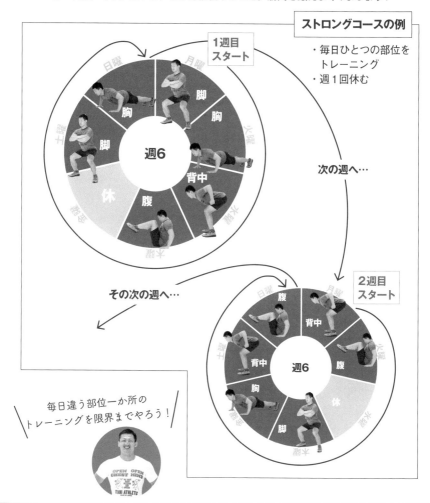

ストロングコースの例

・毎日ひとつの部位をトレーニング
・週1回休む

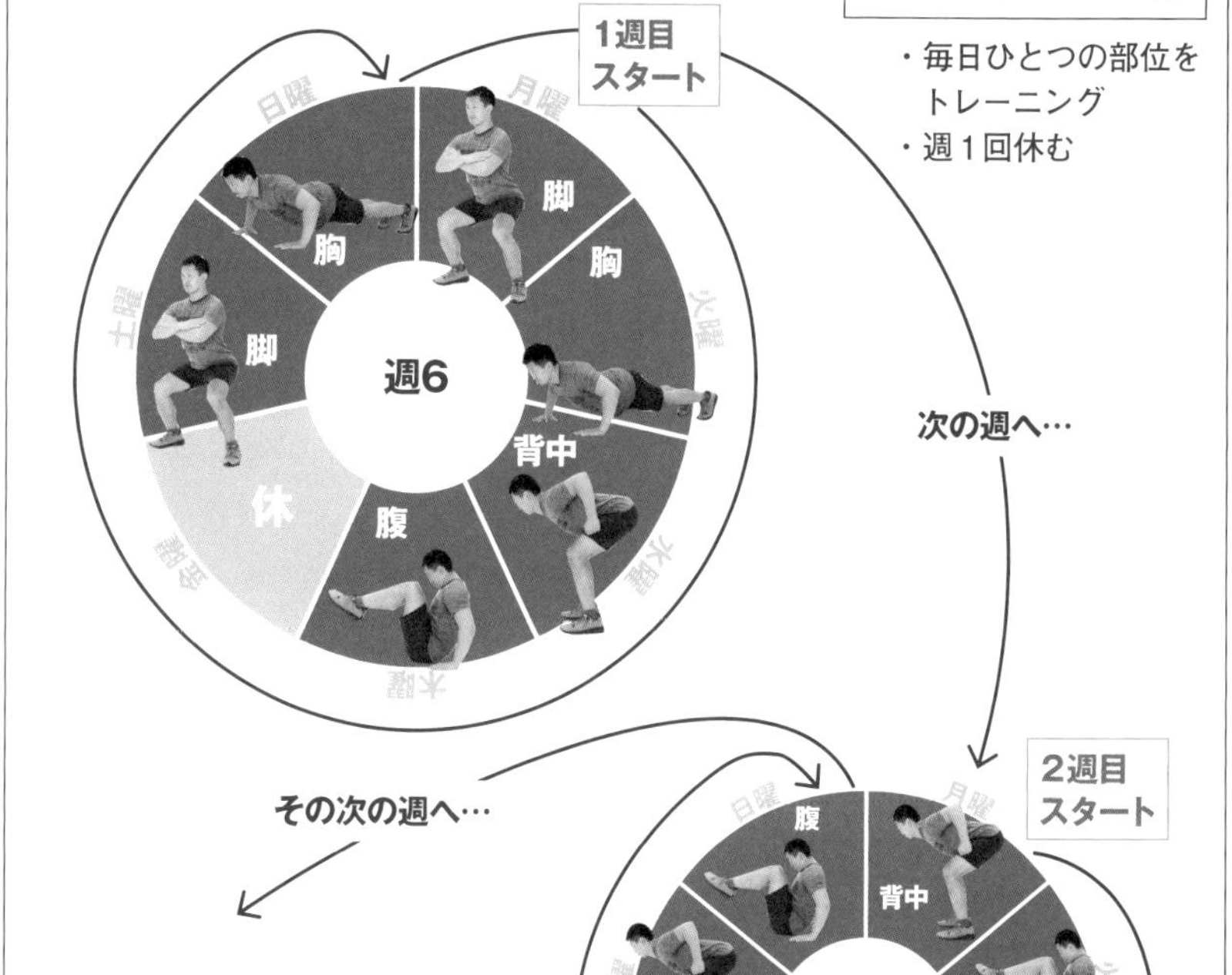

毎日違う部位一か所の
トレーニングを限界までやろう！

運動する時間がない人は…

Cソフトコース　週1回

「4つの基礎トレ」を、週1回まとめてトレーニングするコースです。トレーニングの順番は、1「スクワット」(脚) ⇒ 2「プッシュアップ」(胸) ⇒ 3「ベントオーバーロー」(背中) ⇒ 4「ニートゥチェスト」(腹)で行います。休みの日など、時間に余裕がある曜日に、忘れずに〝筋トレ〟しましょう！

ソフトコースの例

・週1回、4つの部位をまとめてトレーニング
・休日がおすすめ

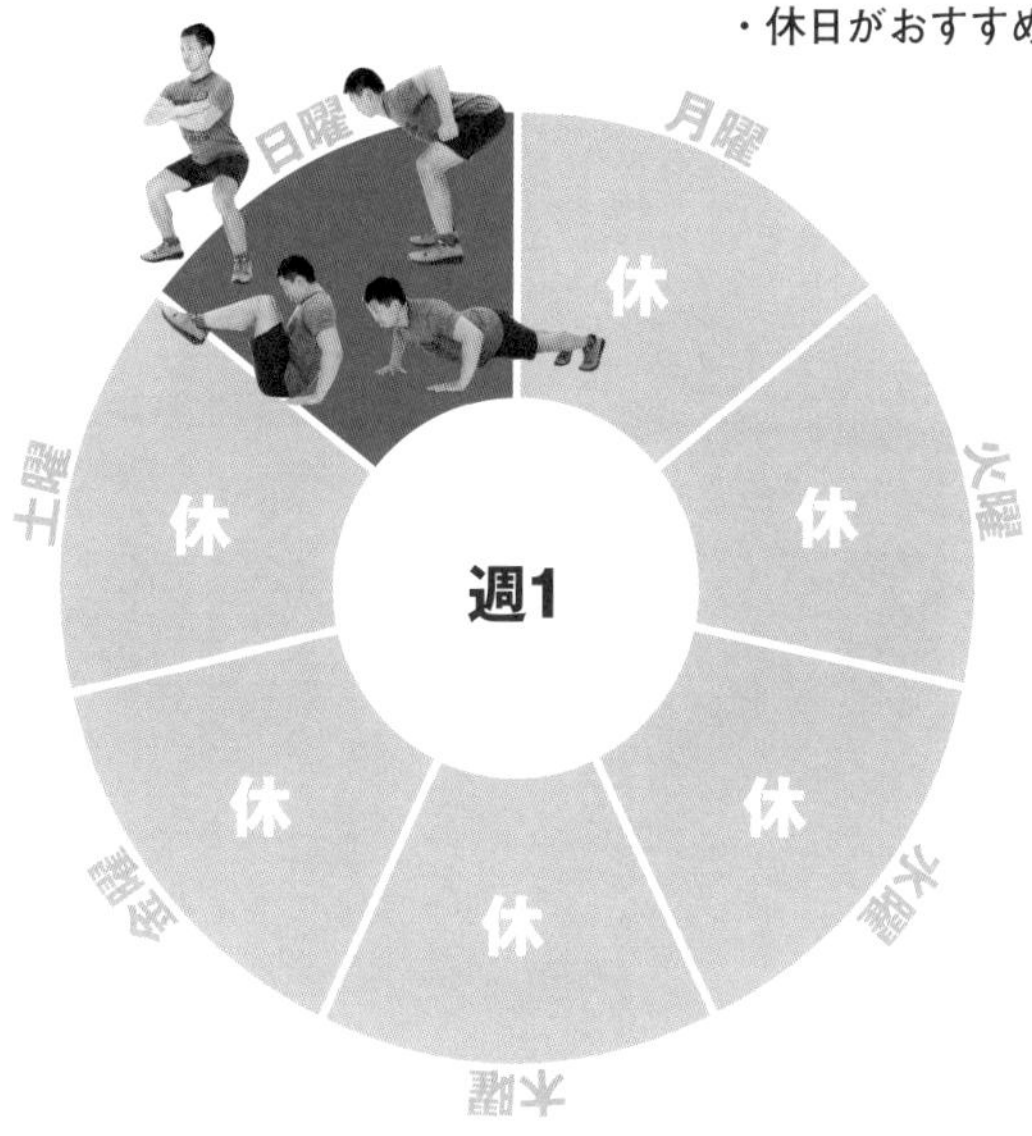

各20回×3〜5セット。
できない人は、各10回×3セットで！

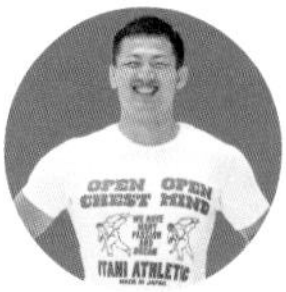

それでも、まだ「1歩」を踏み出せない人は…

一日5分のスクワット

運動が苦手な人、「4つのトレーニングは、正直、続かなそう……」という方などは、
まず、「スクワット」からはじめてみませんか？

〔回数〕
20回×3セット。
休憩時間は1分

〈井谷からのお願い〉

一日5分、ぼくに時間をください。
それも、2日おきでOKです。
「井谷式スクワット」をするだけで、
あなたの人生は劇的に変わります！

自分史上最高のパフォーマンスを引き出す

知性を鍛える究極の筋トレ

目次

TRAINING
知性を鍛える究極の筋トレ
――井谷式「4つの基礎トレ」

CHAPTER 1

なぜ世界のエリートは「筋トレ」をするのか？

CHAPTER2

科学的に証明された「筋トレ」の効果

CHAPTER3

「筋トレ」をより有効にする食事法

CHAPTER4

「筋トレ」の疑問・「心身」の悩みに答えます

CHAPTER5

「心」と「身体」と「精神」を磨く！井谷式トレーニング

CHAPTER6

「筋トレ」で最高の人生を手に入れよう！

――井谷式「４つの基礎トレ」実践者の声

CHAPTER 1

なぜ世界のエリートは「筋トレ」をするのか?

米国Google本社にはトレーニング施設が7つもある！

「トレーナーという仕事をしているのなら、一度はウチの会社を見ておいたほうがいい。僕が案内するから、シリコンバレーまで来いよ」

Google（グーグル）本社に勤務する友人の勧めで、2015年3月、初めて僕がアメリカ・シリコンバレーのグーグルを訪れた時のことです。

それは、衝撃的な光景でした。

グーグル本社内には、最先端のトレーニング施設がなんと7つもあったのです！

そこには、筋肉を鍛えるための最新のマシンが何台も並んでいました。日本のプロスポーツチームのトレーニング施設より、グーグルのトレーニング施設のほうが圧倒的に優れていることは一目瞭然でした。

グーグルがこれだけの施設を社内に完備していることに、僕は驚きを隠せませんでした。

さらに驚いたのは、次の光景を見た時です。

各トレーニング施設には、プロスポーツ選手と契約するような一流のトレーナーが常時いて、社員は勤務中いつでもトレーナーの指導を受けながら、好きなだけ筋トレをしていました。個人でトレーニングしている社員もいれば、仕事のプロジェクトチーム全員でトレーニングに取り組む社員たちもいました。

グーグルの社員にとって、筋トレは仕事と同等の「日常」になっているのでしょう。その証拠に、僕を案内してくれた友人は、鍛え抜かれたとてもいい身体をしていましたし、社内ですれ違う社員の方々も、とてもいい身体をしている人たちばかりでした。

それだけではありません。グーグルの社内にあるレストランやコンビニにも、衝撃を受けました。

日本のレストランやコンビニとは違い、取り扱っている食品や用意されているメニューは、厳選されたオーガニックの食材を使ったものばかり。さらに、筋肉をつけるためのメニューなどがしっかり揃っていました。しかも、社員とその家族、友人は、無料で利用できるのです。

なぜ、世界的な超一流企業が、多額の資金をかけて積極的にトレーニングを取り入れ、食事にも気を遣うのでしょうか？

それは、一言で言えば「その人が持っている最大の仕事のパフォーマンスを引き出すため」です。

勤務中に筋トレすることで、前向きにチャレンジする気持ちを高めるホルモンの分泌を促し、デスクワークで滞った血流を改善し、心身の状態を整えます。

就業中、デスクにかじりついているだけでは最高の仕事ができないことを、グーグルは知っているのです。

グローバル企業であるグーグルでは、若手でも責任あるポストを任せられるため、社員の多くは筋トレを積極的に行い、強靭《きょうじん》な身体と精神を培っているそうです。

強靭な身体と精神を持っていないと、ストレスに打ちのめされ、生き残ってはいけないのです。

最近では、運動することによって身体の筋肉の張力が緩み、脳に不安をフィードバックする流れが断ち切られること、運動によって起きる一連の化学反応には気持ちを落ち着かせる効果があることなどが科学的に証明されています。

「筋トレ」スイッチ

超一流企業のビジネスパーソンは、筋トレで強靭な身体と精神を培っている

また、2004年、イギリスのリーズ・メトロポリタン大学とブリストル大学の共同研究によると、会社のジムを利用している従業員は生産性が高く、仕事に対して前向きになりストレスが減ったと感じていることが明らかにされました。

また、グーグルでは、社内のジムで社員同士が共にハードなトレーニングをすることによって生まれる連帯感も重視しています。

「筋肉コミュニティ」から化学反応が起きて、新たなアイデアが生まれることにも、筋トレは一役買っているのです。

そして、「運動」と「食事」は、車の両輪です。どちらかが欠けても健康ではいられません。グーグルが食事にも徹底的に気を遣うのは、「社員の健康が会社の繁栄につながる」という確固たる考えがあるからなのです。

スタンフォード&オックスフォード大学にみる「文武両道」の精神

「世界大学ランキング2020」（英国の高等教育専門誌「THE」調べ）で、第1位の英国オックスフォード大学、第4位の米国スタンフォード大学は、毎年、文武両道の学生を多数、輩出しています（ちなみに、東京大学は第36位）。

リオデジャネイロ・オリンピック（2016年）では、スタンフォード大学の学生が27個ものメダルを獲得しています。また、オックスフォード大学には国の代表選手が多数在籍しています。

2017年、僕はオックスフォード大学での柔道指導の際、同校のトレーニング施設を見学しました。

さらに2019年1月、工藤公康《きみやす》監督（プロ野球）とアメリカのトレーニング事情の視察に行った際に、スタンフォード大学のトレーニング施設を見学しています。

この二つの大学の最先端のトレーニング施設を見た時、僕はグーグルと同様にとても驚きました。ここにも、筋肉を鍛えるための最新のマシンが、何種類もズラリと並んでいたのです。

まさに、〝圧巻〟の一言でした。とても大学のトレーニング施設とは思えないくらい素晴らしい施設でした。

オックスフォード大学の学生もスタンフォード大学の学生も、この素晴らしい施設で一流トレーナーの指導のもと、筋トレに励んでいました。

彼らは、**将来の可能性を増やすために、スポーツと勉強を両立させています。**学生時代に、身体と脳の両方を鍛えることで、人生の選択肢が広がることをよく理解しているのです。

例えば、MLB（ベースボール）に行ける学生がプロにはならず建築の道を選択する。NBA（バスケットボール）に行ける学生がプロにはならず医師の道を選択する——というのは、彼らにとって当たり前のことで、よくある話なのです。

日本では、スポーツをやめた後の生き方や、怪我で選手生命を絶たれた後の生き方がとても難しくなるケースが多いのですが、それは学生時代にスポーツしかしていないからです。僕はこのことを、とても残念だと思っています。

日本では、スポーツのできる人は「脳まで筋肉」のようなイメージがありますが、実は、**運動神経のいい人は、運動神経を司る脳の機能が高い**ということがわかっています。

また、筋肉をよく動かすことで筋肉そのものから分泌される生理活性物質の総称である「マイオカイン」。

そのなかのひとつが、脳に作用して神経細胞を増加させたり、減少を防いだりする効果を認める研究結果も報告されています。

「筋トレ」スイッチ

身体と脳の両方を鍛えると、人生の選択肢が広がる

Superlative Training
03

「筋トレ」をしないと、アメリカではビジネスができない!?

アメリカのビジネスの現場では、「見た目がその人の性格を現している」ということが常識になっています。**太った身体をしていると、「自己管理ができない人」という見方をされる**のです。

「自分の管理すらできない人間に、仕事の管理などできるわけがない」と烙印《らくいん》を押され、大きなプロジェクトを任せられることはありません。

アメリカの一般的なレストランは、高脂肪・高糖質・高カロリーなメニューが多く、毎日この食事をしていると、あっという間に太ってしまいます。さらに、歳を重ねるたびに基礎代謝が落ちるので、運動不足であれば体重増加に追い打ちをかけます。

そのため、アメリカのビジネスエリートは、仕事のパフォーマンスを上げるためにも、体型管理のためにも、筋トレをします。なぜなら、基礎代謝を上げ太りにくい身体を作るには、筋トレが最も効率のいい運動だということをよく知っているからです。

僕が実際にお会いした、米国を代表するスポーツドクターのジェフリー・R・デユガス氏や、ビル・クリントン元大統領の出身校ジョージタウン大学ビジネススクール教授のジミー・リン氏、そして前述のグーグル社員や米軍トップの方たちなど、ビジネスエリートと言われる人たちは皆、筋トレで鍛えたいい身体をしています。

彼らを見ていて、**筋トレは、仕事もお金も健康もすべてを手に入れるための最高のツール**だと僕は確信しました。

そして、アメリカのビジネスエリートたちは握手する時、驚くほど強く握ってきます。

最初は強く握る意味がよくわからなかったのですが、実は**アメリカでは握手の強さで自分の存在意義を表現する**のです。NBAでは、握手の力でその選手の健康状態や精神状態を確認する監督もいると言います。

この事実を知ってから、僕は力を込めて握手をするようにしました。すると、一気にアメリカ人たちと打ち解けることができるようになったのです。

ビジネスシーンでアメリカ人と握手する時は、できるだけ力を込めて握手してください。握手ひとつで、ビジネスが好転するきっかけを作れると思います。

「筋トレ」スイッチ

アメリカでは、「肉体的なパワー」と「仕事の大きさ」は比例する

米国トップ整形外科医の驚くべき「肉体美」と「集中力」！

8年連続でアメリカ・バーミンガムのベストドクターの一人に選ばれ、アラバマ州のトップ整形外科医にも選出されているジェフリー・R・デュガス医学博士。

彼は、アメリカの超人気プロレス団体WWEの医療ディレクターで、NFL（アメリカンフットボール）の選手たちや、ボクシングヘビー級世界チャンピオンなどの手術を担当するゴッドハンドの持ち主です。

また、彼は多数の高校や大学のチーム医師を務め、MLBのシカゴ・ホワイトソックスと米国南部にあるアラバマ・バレエ団などにもスポーツ医学の支援をしています。

デュガス医師との出会いは、2019年1月工藤公康監督と一緒に、アメリカトップのスポーツドクターのいる病院やトレーニング施設を見学していた時に訪れました。

僕たちは、デュガス医師のクリニックを見学させてもらうことになったのです。

世界的なスーパードクターであるデュガス博士は、肩、肘、膝などあらゆる部位の怪我を治療し、完治させた実績があります。子どもの頃から野球をしていたデュガス医師は、学生時代に怪我をしたことがきっかけで、少年野球選手の健康と怪我の予防に情熱を傾けてきました。

一方で彼は、プロアスリートと協力して、スポーツ傷害の治療と予防法を発展させ続け、スポーツ医学の研究分野にも大きく貢献しています。

デュガス医師と会って僕がまず驚いたのは、彼がとても医師とは思えないような筋肉隆々の美しい身体をしていたことです。

デュガス医師はプロアスリート顔負けの身体で、一日に何件もの手術をこなしていました。

「怪我をしたトップアスリートたちが一日でも早く復帰できるよう、常に手術の腕を磨き、**手術中の集中力が落ちないように筋トレをしている**んだ」

デュガス医師のこの言葉が、今でも僕の心に残っています。

彼のクリニックには、立派なトレーニングジムと、ピッチャーの投球解析ができる施設も併設されていました。どちらも日本のプロスポーツ団体の施設より、優れたものであることは一目瞭然でした。

僕がそのジムを見学させてもらっている時に、WWEの最高執行役員であるトリプルH氏が筋トレをしていました。

アメリカでは、ビジネスエリートであればあるほど、筋トレに真剣にとり組んでいるように思います。

ある日、デュガス医師に院内を案内してもらっている時のことです。

僕はWWEのジョン・シナ選手のチャンピオンベルトや、ボクシング世界チャンピオンのデオンテイ・ワイルダー選手のチャンピオンベルトが飾られていることに気がつきました。

僕が驚いていると、彼はチャンピオンベルトを指差して、力こぶを見せながら強くこう言いました。

「このチャンピオンベルトはもらったんじゃないよ！　戦って相手を倒して、奪い取ったんだ！」

一瞬アメリカンジョークかと思いましたが、僕は、デュガス医師の鍛え抜かれた身体と鋭い眼光を見て、「本当に世界チャンピオンたちからベルトを奪い取ったのではないか？」と思ってしまいました。

「筋トレ」スイッチ

世界のビジネスエリートは、〝集中力〟を高めるために筋トレをする！

ホテルのジムが、ビジネスパーソンのコミュニケーションツール

アメリカ・ロサンゼルスのダウンタウンに、100年以上続くシックでクラシックなホテルがあります。「ロサンゼルス・アスレチック・クラブ」です。

この名前から、アスリート専用のホテルのように思われがちですが、実際にはロスを訪れるビジネスパーソンやダウンタウンで仕事をするビジネスパーソンが利用しています。

このホテルはリッツカールトンのような重厚な雰囲気で、しかもジムがかなり充実しています。しっかり筋トレができるホテルなので、ロサンゼルスに行った時には僕も定宿にしているのです。

他にもプールやバスケットボールコート、スカッシュコート、ビリヤード場などもあります。

郵便はがき

料金受取人払郵便

銀座局
承認

9422

差出有効期間
2021年1月3日
まで

※切手を貼らずに
お出しください

1 0 4 - 8 7 9 0

6 2 7

東京都中央区銀座3-13-10
マガジンハウス
書籍編集部
愛読者係 行

ご住所	〒		
フリガナ		性別	男 ・ 女
お名前		年齢	歳
ご職業	1. 会社員(職種　　　) 2. 自営業(職種　　　) 3. 公務員(職種　　　) 4. 学生(中　高　高専　大学　専門) 5. 主婦　6. その他(　　　)		
電話		Eメール アドレス	

この度はご購読ありがとうございます。今後の出版物の参考とさせていただきますので、裏面のアンケートにお答えください。**抽選で毎月10名様に図書カード(1000円分)をお送りします。**当選の発表は発送をもって代えさせていただきます。

ご記入いただいたご住所、お名前、Eメールアドレスなどは書籍企画の参考、企画用アンケートの依頼、および商品情報の案内の目的にのみ使用するものとします。また、本書へのご感想に関しては、広告などに文面を掲載させていただく場合がございます。

❶お買い求めいただいた本のタイトル。

❷本書をお読みになった感想、よかったところを教えてください。

❸本書をお買い求めいただいた理由は何ですか?

●書店で見つけて　●知り合いから聞いて　●インターネットで見て
●新聞、雑誌広告を見て(新聞、雑誌名＝　　　　)
●その他(　　　　)

❹こんな本があったら絶対買うという本はどんなものでしょう?

❺最近読んでよかった本のタイトルを教えてください。

ご協力ありがとうございました。

僕が宿泊していた時のこと、ホテルのジムに行ったら、平日の早朝にもかかわらず多くの人が筋トレに励んでいました。この光景を見て僕は、「アメリカのアッパークラスの人たちの意識の高さは凄い！」と感心しました。

また、仕事が終わってから、筋トレをしたり泳いだりしているビジネスパーソンも多数いました。トレーニング後、彼らはジャグジーやサウナに入り、お互いに親交を深めているのです。

今や、筋トレは健康のためだけでなく、ビジネスパーソンのコミュニケーションツールにもなっています。

ニューヨークやロサンゼルスでは、会食でビジネスミーティングをする際、食の嗜好《しこう》が、ビーガンやフィッシュベジタリアン、肉食など人それぞれ異なるケースが多々あります。

だから最近では、**ジムで筋トレをしながら情報交換をし、親睦を深める傾向が強くなっている**とのこと。

共に身体を鍛えることで、会食するよりもはるかに距離が縮まるからです。

どこまで自分を追い込んで筋トレするか――。

その追い込み具合で、その人の人間性を見ていると言います。

ハワイの高級マンションにも、当たり前のようにゴージャスで充実したジムが併設されています。その理由は、ジムの充実度でマンションを選ぶ人がとても多いからです。

ハワイでも、筋トレ後に青空の下でジャグジーに入り、マンションの住人たちが親睦を深め、ビジネスの情報交換をしている光景をよく見かけます。


優れたジムで構築する人間関係は、とても素敵なものです。

そこに集まる人たちは、会社の経営者、役員、医師、弁護士、研究者、アスリート、俳優など成功者が多く、肩書きも年齢も多岐にわたります。しかも、ジムではニュートラルな状態で人間関係を構築できるという利点があります。

彼らは後に、お互いに必要な人材や仕事の案件、クライアント、転職先などを紹介し合っていて、ビジネスの上でもジムで築いた人間関係が役立っているそうです。

＊

２０１９年11月、ハワイのラナイ島に世界最高峰のラグジュアリーなリトリート施設がオープンしました。世界のＣＥＯをターゲットにした「フォーシーズンズホテル ラナイ アット コエレ ア センセイ リトリート」です。

ここ数年、「リトリート（転地療法）」が欧米で大人気です。「リトリート」とは、もともと「隠れ家」「避難所」という意味を持つ言葉ですが、現在では「日常生活から離れ、心身をリセットして、新たに日常生活を再スタートさせるための合宿」というような意味で使われています。

ラナイ島の高級リトリート施設は、ラリー・エリソン（テクノロジー企業の共同創設者で慈善家）とドクター・デイヴィッド・アグス（南カリフォルニア大学医学部教授、がん治療の第一人者）が、健康問題の予防策に強い関心を示していたことで共鳴し、人々が健康で長生きできるような社会を作りたいという二人の想いから生まれました。

ビル・ゲイツ夫妻も健康維持のためにここを訪れ、しばらくの間滞在していました。

スポーツジムは、身体づくりの場だけでなく、情報交換やコミュニケーションの場でもある

ここには、健康の専門家、栄養士、シェフ、フィットネスの専門家、スパセラピストなどが常駐。最新の健康ツールとテクノロジーを駆使した「専門的で他とは一線を画したウェルネス体験」ができます。

アクティビティは、筋トレ、健康に関する講義、慈善活動、スパ体験、オーシャンスポーツ、ハイキング、自転車、乗馬、アーチェリー、クレー射撃など、バラエティ豊か。24時間オープンのフィットネスルーム、屋外プール、ゴルフコースなども完備しています。

さらに、食事は、世界的な日本人シェフである松久信幸氏が率いるチームとドクター・アグスの栄養士が、身体全体の健康を考えながら提供してくれます。

このように、世界では「筋トレ」を中心としたコミュニティが次々と生まれてきているのです。

Superlative Training 06

「筋肉の大切さ」を知っていた、大財閥・ロックフェラー家

意外かもしれませんが、僕のクライアントで最も多いのは、70代〜80代の高齢者の方たちです。

しかも、大学の名誉教授や医師の方など博識のある方が多く、筋肉の増加を求めてトレーニング指導をしてほしいという依頼を多数いただきます。

その方々は、**筋肉が減少し、動きにくくなったことを自覚していて、「いますぐ食い止めなければ、寝たきりになる」と恐怖を感じ、必死の思いで連絡をしてくる**のです。

数多くのトレーニング指導をしてきたなかで、今も僕の心に鮮明に残っている方がいます。それは、京都大学名誉教授の乾由明《いぬいよしあき》先生です。

乾先生は、階段から転倒し大腿骨を骨折。入院生活を送り、その後リハビリを行っていましたが、思うように効果が上がらず、とても歩きにくくなっていました。

「筋肉量を増やして、元気に歩けるようになりましょう」と、僕が筋トレ指導を始めたのが、乾先生が80代半ばを過ぎた頃。乾先生は、それまで運動経験は一切なく、「今まで運動を自主的にしたことがない。まさか自分が筋トレをするなんて考えたこともなかった」とよく言っていました。

トレーニングは、身体が動きやすくなるように、本書で紹介している「操体法」（P188参照）と「ストレッチ」（P194参照）を入念に行い、イスを使ったスクワット（P12参照）を何度も行いました。転倒に気をつけて、関節に負担がかからないフォームでスクワットをするのです。

高齢になると、その日その日で体調も異なるので、しっかり話し合いながら二人三脚でトレーニングしていきました。

トレーニングを開始した当初、乾先生は腰や膝が痛かったようです。しかし、筋トレを続けたおかげで筋肉が関節のサポーターがわりになり、関節周辺の痛みが気にならなくなったと喜んでくれました。

3カ月ほどトレーニングを積み重ねた頃には、筋肉が充分に育ち、乾先生は関西から東京まで出張に行けるくらい回復していました。

「頭と感性を磨き抜くことが人生だと思っていたが、身体も磨かなければいけないということを、80代にして気づくことができて本当によかった」――。

ある日のトレーニング中、乾先生が言ったこの言葉は、今でも僕の胸に突き刺さっています。

*

また、乾先生はアメリカの実業家デイヴィッド・ロックフェラーとも親交がありました。

乾先生が若い頃、ロックフェラー家に招かれた際、彼の家に立派なジムがあるのを見て、「アメリカのお金持ちはもの好きだな」と思ったそうです。

しかし、自分が筋トレをして健康を取り戻すと、「ロックフェラーがなぜ家にジムを作ってトレーニングしていたのか、今ならよく理解できる」と認識を改めました。

当時から、ロックフェラーは「筋肉の大切さ」に気づいていたのです。

世界のビジネスエリートの方たちとお会いして、僕がいつも思うのは「日本人も、もっと筋トレで身体を鍛えるべき」ということです。

「筋トレ」スイッチ

地位や名誉を手に入れた人ほど、筋肉の衰えに敏感である

なぜなら、僕が今までお会いしてきた世界のビジネスエリートの方で、太っている人や痩せすぎの人は皆無だからです。皆、筋トレで鍛え抜いた身体をしていました。

そのうえ、明らかに心に余裕がある人たちばかりでした。

筋トレで鍛えていると、自然と体力がつき、心にも余裕が生まれ、他人に優しくなれるのです。

Superlative Training
07

筋肉ですべてを手に入れた男、アーノルド・シュワルツェネッガー

ボディビルの世界最高峰の大会オリンピアで6連覇を目指す28歳のアーノルド・シュワルツェネッガーが主人公のドキュメンタリー映画『パンピング・アイアン』。それまでアメリカでは、ボディビルダーたちは変人だと思われていましたが、この映画が大ヒットした影響で「筋肉隆々はカッコいい！」「自分も鍛えたい！」というアメリカ人が続出しました。

シュワルツェネッガーは、間違いなくアメリカのフィットネス文化を創造した人物です。彼のおかげで、筋肉を鍛えることがアメリカ人の生活の一部となり、その影響で日本にもトレーニングジムが増えたのだと思います。

シュワちゃんことアーノルド・シュワルツェネッガーは、オーストリアの田舎のシャワーもトイレもない貧しい家に生まれ育ちました。その貧しい生い立ちから、大きな成功を目指してハングリー精神を養い、常に困難に立ち向かって行きます。

そして、彼はトレーニングと出会い、所持金20ドル、英語も話せないにもかかわらずアメリカに渡ります。その後の活躍ぶりは、皆さんもご存じのはずです。

シュワちゃんは、ボディビルで世界の頂点を極め、ハリウッドスターの地位を築き、カリフォルニア州知事にまで上り詰めました。まさに彼は、筋肉美からアメリカン・ドリームを掴んだ男。筋肉ですべてを手に入れた男と言っていいでしょう。

僕が虚弱だった小・中学生の頃、父親がシュワちゃん主演の『パンピング・アイアン』を観ていたことがきっかけで自分もたちまちシュワちゃんの虜《とりこ》になりました。当時の僕は、彼の筋肉ムキムキの身体とその強さは、この世の中でいちばんカッコいいものだと心から思っていました。

シュワちゃんに憧れていた僕は、シュワちゃんのようになりたくて、子どもながら我流で筋トレを夜中までしまくります。勉強はほとんどせず、その代わりにシュワちゃんの映画を借りてきて、それを観ては自分を鼓舞していました。

僕が中学生の頃は、タテ社会が強固だった時代です。柔道部の先輩たちから、僕たち下級生はいつも理不尽なしばきにあっていました。ただし、先輩よりも強い同級生が一人いて、彼だけは先輩からのしばきを免除されていたのです。僕は自分自身を守るためにも、「筋トレして絶対に強くなってやる！」と決心しました。

このような環境の中で育った僕は、筋トレして鍛えて強くなれば、自分の悩み事はすべて解決すると本気で思っていました。そして、「シュワちゃんはあらゆる困難を筋トレで乗り越えたんだ」と思うと、どんなことでも頑張れました。

過酷な環境でも諦めず、困難を乗り越えていくシュワちゃんの存在は、今でも僕の中でとても大きな存在です。

「困難を乗り越えた時が最高。だから、困難を乗り越える」——。

シュワちゃんの存在とこの言葉は、紛れもなく僕の原点です。

「筋トレ」スイッチ

筋トレで鍛えて強くなれば、「自信」がつき、悩み事も解決する！

UFC世界王者マックス・ホロウェイは、本物のリーダー

Ultimate Fighting Championship（アルティメット・ファイティング・チャンピオンシップ。略称UFC）は、世界でも最大級のスポーツビジネスのひとつです。

UFCは、世界58カ国以上から格闘技界の最高峰の選手が常時約600人参戦し、26カ国153都市以上で大会を開催。世界156カ国以上でテレビ放送されている、人気と実力ともに世界一の総合格闘技団体です。

2019年のUFCの売上金は、なんと9・4億ドル。日本円にして、約986億6700万円に上ります。

僕がずっと憧れていた世界最高峰の総合格闘技UFC。

ひょんなことから僕は、UFCフェザー級世界チャンピオン、マックス・ホロウェイのコーチに就任することになりました。

世界チャンピオン、マックス・ホロウェイは、選手としても一人の人間としても正真正銘の「超一流」でした。単に、ＵＦＣのリングに上がっているだけの格闘家ではありません。

マックスにとって、ＵＦＣ世界チャンピオンというのは、単なる通過点に過ぎないのです。

マックスは生まれ故郷であるハワイの教育や環境問題などにも強い関心を持っていて、将来的に目指しているのはハワイの真のリーダー。そばで彼を見ていると、その行動も思考も使う言葉も、まさにリーダーにふさわしい人物だと認めざるを得ません。

ドナルド・トランプ大統領も、マックス・ホロウェイの大ファンです。

２０１８年12月に行われたブライアン・オルテガとのＵＦＣタイトルマッチで、ブライアン選手がリング上で足を滑らせて転倒した時のこと。並みの選手なら転倒した相手選手を、迷わず仕留めに行ったと思います。

しかし、マックスはそうはせず、ブライアン選手に「立て！」と言い、彼が立つのを待って再度戦いに臨みました。その結果、マックスは見事に勝利したのです。

その試合を見ていたトランプ大統領はＵＦＣの代表ダナ・ホワイトに電話をかけ、「私がこれまでに見た生涯最高の試合だった！」とマックスを絶賛し、大興奮で15分ほど喋《しゃべ》りまくったそうです。

アメリカでのマックス・ホロウェイの人気は大変なものがあります。これほどまでにマックスがアメリカで人気があるのは、彼がハワイで最も治安が悪いワイナイの出身で、「ゼロからアメリカン・ドリームを掴んだ人物だから」という部分も大きいでしょう。

マックス・ホロウェイを指導していて、その吸収力の早さに驚かされることが多々あります。

マックスは、僕がアドバイスしたことが良いと思ったらすぐに取り組み、次回会った時にはダメだったところが見事に改善しているのです。これも常に高みを目指す、エリートの証しでしょう。

筋トレに関しても、マックス・ホロウェイはとても大事に考えていて真剣に取り組んでいます。

負荷こそ違いますが、本書で紹介している「4つの基礎トレ」と基本的に同じメニューをマックスはトレーニングに組み入れています。

この話を僕のクライアントさんなどにすると、「えっ!? 世界チャンピオンも、私と同じトレーニングをしているの?」と驚かれるのですが、紛れもない事実です。

「筋トレ」スイッチ

UFC世界チャンピオンも、本書の「4つの基礎トレ」で心身を鍛えている!

海外で盗難にあった"最大のピンチ"が"最高のチャンス"に！

僕が「筋トレ」に救われた話をしたいと思います。

2019年3月、僕はハワイ経由で、ワシントンD.C.とニューヨークに行こうとしていました。直行便で行くと時差ボケがひどいのと、あまりにも航空券が高いので、ハワイに4日間滞在してから行く予定でした。

ハワイ滞在4日目の朝、ホテルの部屋のテーブルの上に置いてあったはずの財布がなくなっていることに気がつきました。部屋中、探しましたが、見つかりません。

しばらくして、ようやく僕が寝ている間に何者かが部屋に侵入して持って行ったのだと理解しました。そして、気がつくと、机の上に「2ドル」だけが残っていました……。

クレジットカードもなく、全財産2ドル。ワシントンD.C.とニューヨーク、計9日間の滞在予定だったので、どう考えても2ドルではやっていけません。

ふつうは落ち込む場面だと思いますが、筋トレ歴20年の僕は違いました。**筋トレによる「前向きなホルモン」（テストステロンなど）分泌のおかげで、「これはピンチではなく、神様に試されているのだ！」と考えた**のです。

海外で財布を盗まれたら、ほとんどの人は警察や領事館に行くでしょう。

しかし僕は、「警察や領事館へ行ったところで、財布は戻ってこないだろうな」と思い、「どうせなら夜の出発の飛行機まで、自分が一番得意なことをしよう！」と格闘技のジムへ行くことにしました。

ジムの名前は、「グレーシー・テクニクス」。

何も知らずに行ったこのジムに、世界最高峰の格闘技ＵＦＣフェザー級世界王者マックス・ホロウェイと、格闘技ディスティニーの世界チャンピオン中川マイケルが所属していたのです。

僕はトレーニング指導以外にも、身体を動きやすくする可動域の調整などもできます。たまたまその日トレーニングをしていた中川マイケルの身体調整をしました。

すると彼は「身体がものすごく動きやすくなった！」と驚き、「僕のトレーニングとコンディショニングのコーチになってほしい！」とその場で依頼を受けたのです。

中川マイケルは、カリフォルニア大学を卒業した秀才で、文武両道のキャリアを積んできた人間です。オールアメリカンに選出されるレスリング選手であり、格闘家であり、マックス・ホロウェイのレスリングのコーチであり、その一方で、一流の会社からヘッドハンティングされる頭脳の持ち主なのです。

マックスが彼を心底信頼しているのは、マイケルが単なる格闘家ではなく、心の底からマックスのことを考えていること、そして、ビジネスで頭角を現す能力を持っていることを知っているからです。彼は、選手を引退した後、ビジネスの世界で大いに活躍するでしょう。

なぜ、僕がマックス・ホロウェイのコーチに就任できたのでしょうか？

中川マイケルのコーチを引き受けハワイに指導に行っていた僕は、UFC世界王者マックス・ホロウェイともスパーリングをする仲になります。僕にとって、スパーリングや武道は、最高のコミュニケーションツールです。

スパーリングをすると、言葉や国境の壁がなくなり、相手の気持ちがよくわかるようになります。それでマックスと僕は一気に打ち解けました。


さらに、マックス・ホロウェイから絶大な信頼を得ている中川マイケルが「井谷はすごい。トレーニング指導だけでなく、身体の調整もできる。こんな奴は他にいない」と言ってくれたことで、マックス本人からの直々の依頼で、僕は彼のコーチに就任することになったのです。


それから、毎月ハワイにマックス・ホロウェイと中川マイケルの指導に行くようになりました。

するとある日、僕はマックスから「3度目のUFC世界タイトルの防衛戦で、セコンドに入ってほしい」という依頼を受けます。

僕は2019年7月、日本人初のUFC世界チャンピオンのセコンドとして、カナダでのマックスの防衛戦に挑みました。その結果、マックスのUFCフェザー級3度目の防衛戦を制すことができたのです。

UFC世界チャンピオン。
僕が選手として叶えられなかった夢を、マックス・ホロウェイのコーチとして叶えられたことは奇跡としか言いようがありません。僕はこのことを心から幸せに思います。

「筋トレ」スイッチ

筋トレすると前向きホルモンが分泌されて、常にポジティブ思考でいられる!

Superlative Training 10

トップアスリートに学ぶ、どんな困難からも立ち上がる「真の強さ」

UFCフェザー級チャンピオン、マックス・ホロウェイは、チャンピオンでい続けることはもちろん、試合を続けることさえ難しいUFCの世界で、フェザー級で6年間無敗、14連勝して、真のチャンピオンに君臨しているスター選手です。

2019年7月の3度目の防衛戦で勝利した後、2019年12月14日にマックスの4度目の防衛戦が行われることになりました。試合が行われるのは、エンターテインメントの聖地ラスベガス。僕は3度目同様、4度目の防衛戦もマックスのコーチとしてセコンドに入ってほしいと、マックスから依頼を受けました。

セコンドの依頼を受けたからには、全力でマックス・ホロウェイをサポートしたいと思い、試合の1カ月前から彼の地元であるハワイで、毎日朝から晩まで過酷なトレーニングを積み重ね、心身を磨き上げていきました。僕は、マックスの家でマックスや彼の家族と寝食を共にし、試合に挑みました。

チームマックスには、マネージャーが1人、コーチは僕を含め4人います。マックスやマネージャー、僕以外のコーチたちは全員、家族を連れて試合会場に乗り込みました。僕は、家族連れでUFCのような大きな試合に臨むチームを、チームマックス以外には知りません。だからこそ、チームマックスには家族のような連帯感と揺るぎない結束力が生まれるのだと思っています。

いよいよ、マックス・ホロウェイの4度目の防衛戦の日がやって来ました。挑戦者は、強敵アレクサンダー・ヴォルカノフスキー。計算しつくされたスタイルで戦い、フェザー級で17連勝をあげてランキング1位に浮上した強者です。

5分5ラウンドを全力で戦った末、マックスはなんと判定負けという結果に——。

3度目の防衛戦とは真逆の結末に、試合直後はすべてを奪われたような気持ちに陥りました。大きな功績を残してきたからこそ、敗者になった時の絶望感も大きく、その絶望感は時間の経過とともに重くのしかかってきました。

勝負の世界は、いつも残酷です。試合が終わった後、テレビには映らないバックヤードの廊下では、勝者は仲間と歓喜に溢《あふ》れ、敗者は仲間と悲しみに暮れるのです。対戦相手のチームアレクサンダーは、全員が大発狂してお祭り騒ぎ。しかし、敗者となった僕たちチームマックスは、誰も一言も喋らずお通夜のようでした。

控え室に戻ると、誰より負けず嫌いなマックス・ホロウェイは自分自身に「ファック、ファック……」と悔しそうに呟《つぶ》きながら、ローキックで蹴られて腫れた両脚を冷やしていました。自分自身に腹を立てているのは、誰の目にも明らかでした。僕たちコーチは一言も言葉を発することなく、ただマックスを見守るしかありませんでした。

マックス・ホロウェイの息子のラッシュは、悲しい目をしながら、父親であるマックスを見つめています。それに気がついたマックスは、ラッシュを自分のそばに呼んで、「心配するな」とでも言うようにラッシュにそっとキスをしました。

マックスは父親として、ラッシュに自分の生き方のすべてを見せています。強さも弱さも、いい時も悪い時も……。この光景は僕の胸に深く刻まれ、決して忘れることはないだろうと思います。

試合前、マックス・ホロウェイは次のコメントを残しています。

「今、ここに僕の息子が来ている。まだ7歳だが、人生経験をさせている。人生にはいい時も悪い時もある。この生活がいつまで続くか僕にはわからない。息子は、僕がUFCの契約を手に入れた日に生まれた。文字通り、この人生に生まれ落ちてきたと言えるだろう」――。

マックスは「人生はいい時だけではない。悪い時こそ学びの時期だ」と日頃からよく言っています。

悪い時は、自分の弱さから逃げずに向き合い、乗り越えようと努力すること。その時間こそが成長のための学びの時間になるというのです。

この言葉通り、マックスは今までどんな困難な状態からも上を目指して、立ち上がってきました。そして、僕たちチームマックスも今回の「負け」からたくさんのことを学び、さらに成長していこうと誓いました。

人生で大切なことを、いつもマックス・ホロウェイからたくさん学ばせてもらっています。

僕もマックスのように、「自分の弱さ」も受け入れられる「真の強さ」を身につけたいと心から思っています。

どんな時も言葉と行動が一致していてブレないマックスを、僕は心からリスペクトしています。

「筋トレ」スイッチ

人生にはいい時も悪い時もある――。悪い時は「学びの時期」だと考える。

負けてもカッコいい超一流の男は、逆境にくじけないメンタルタフネスを持っている

試合後、僕たちは荷物を抱え、ＵＦＣが用意してくれたチームマックス専用の黒塗りのバスに無言で乗り込みました。そして、ラスベガスのストリップ（地名）のど真ん中にある試合会場を、深夜12時頃後にしました。

試合に勝っても負けてもマックスは、カジノホテルで開かれる盛大なアフターパーティにスペシャルゲストとして参加することになっていました。会場のカジノホテルの中にある数千人も入る大きなクラブには、マックスの他にもハリウッドスターや有名ミュージシャンらが招待されています。

マックスはパーティ会場に契約の時間までいなければならず、タイトルマッチの後も仕事が待っています。これが、アメリカのビジネス成功者の仕事量なのかと、僕は正直驚きました。

ちなみに、ＵＦＣファイターでカジノホテルからアフターパーティに呼ばれるのは、マックス・ホロウェイとコナ・マクレガーくらいだそうです。つまり、マック

スはアメリカにおいて、絶大な人気と強い影響力を持っているということです。

試合に向けて30kg近い減量をして、タイトルマッチで5分5ラウンド全力で戦い抜き、その結果チャンピオンベルトを奪われ、激闘のダメージで歩けなくなった両脚で、そのままアフターパーティへ向かうマックス。心身共に、限りなく大きなダメージを受けているのは明白です。

試合に負けてアフターパーティだなんて、僕にはとても真似できないと心から思いました。しかし、マックスは文句ひとつ言わず、マネージャーと二人で僕たちより一足先にパーティ会場に向かいました。

僕はサポートだけで試合をしていないのに、ひどく疲れていました。一刻も早くベッドで寝たいと心から思っていました。しかし、僕たちコーチ陣もパーティに参加できる服に着替え、マックスがいるカジノホテルのクラブに向かいました。会場に着くとＶＩＰルームに案内され、僕たちはマックスと合流しました。

ザ・チェインスモーカーズがお客さんを盛り上げ熱狂に包まれている会場の片隅

のソファで、マックスのマネージャーが、負けたことが悔しくて一人男泣きしていました。それに気がついたマックスは、マネージャーを慰めに行きます。マックスは、一見ぶっきらぼうに見えますが、自分がどんなに疲れている時でも気遣いができる男です。そして、仲間にはとことん優しい男なのです。
マックスは、ファンの女性たちに声をかけられ、紳士に対応していました。そして、契約時間の午前3時になり、マックスと僕たちはパーティ会場を後にしました。

そんなマックスの姿を見て僕は「日々のトレーニングで僕たちはメンタルが強化されている。チームマックスは新しい歴史の1ページを作るチャンスを手に入れたのだ」と考えるようになりました。
今回の「負け」は、今までよりもっともっと大きくなるための「負け」なのだと、心から信じています。

「筋トレ」スイッチ

筋トレは「メンタル強化」に効果的！「負け」は今より大きくなるための好機《チャンス》!!

CHAPTER 2

科学的に証明された「筋トレ」の効果

【脳の活性化】運動すると海馬で「BDNF」が増え、認知機能UP！

今までの常識では、筋肉は「脳の指令で動く器官」と考えられていました。

しかし、最新の研究では、**筋肉は脳に100%支配されているのではなく、筋肉自身が信号を出して、全身の機能が円滑に働けるように、各器官にメッセージを送っている**——と考えられています。

このことは筋肉だけでなく、他の器官にも言えることで、例えば心臓は循環器としての働きだけでなく、心臓自身からもホルモンを分泌しています。

心臓から分泌されるホルモンは、「ANP」（心房性ナトリウム利尿ペプチド）という利尿作用のあるホルモンです。

胃からも「グレリン」というホルモンが分泌されていることがわかっています。

「グレリン」は、脳下垂体に働いて、成長ホルモンの分泌を促します。

また、小腸からもホルモンが分泌されています。

小腸から分泌されるホルモンは何種類かあり、「小腸ホルモン」と呼ばれています。

筋トレなどの運動によって誘導されるホルモンである「イリシン」の重要な働きとして期待されているのが、脳の海馬に働いて脳を活性化させるという働きです。

「イリシン」が脳に入ると、神経細胞を増やし保護する作用がある「ＢＤＮＦ」（脳由来神経栄養因子）が増え、認知機能が高まります。認知症の予防対策としても注目を集めています。

東京大学の石井直方教授の研究チームでも、麻酔をかけたラットに、電気刺激を与えて筋肉を動かす実験をした結果、脳の海馬で「ＢＤＮＦ」が増えたことが確認できたそうです。

メカニズムの解明はこれからですが、運動が脳の活性を促し、〝知性〟を鍛える効果があることは様々な研究で実証されています。

現在、「イリシン」や「ＢＤＮＦ」は、世界の研究者たちの注目を集め、我先にと研究が進められています。当分の間、目が離せない存在になりそうです。

このように、「身体の中の臓器は、その機能に関連したいろいろな物質を分泌し合うことでコミュニケーションしていて、それによって身体の中がひとつの社会として機能している」というのが最先端の考え方なのです。

＊

僕のクライアントの高齢者の方は、医師、弁護士、経営者などの職業に就いていた方がほとんどです。

そういう方たちは、自分の弱った姿を見られたくないという気持ちが強いせいか、歩きずらくなってしまうと、ほとんど外出しなくなる傾向があります。

「脚を引きずっていても、カッコ悪くありません！　とにかく外出してください！」

僕は高齢のクライアントの方たちに、よくこう言います。

それは、外出しなければ社会との繋がりは閉ざされてしまい、脳への刺激がなくなって認知症を進行させてしまうと思うからです。

足腰が強くなってから外出しようと考えるのではなく、歩けるのであれば、転倒にだけは十分気をつけて、人目など気にせず外出して脳に刺激を与えるべきだと思っています。

それをサポートするのが日々の筋トレなのです。

「筋トレ」スイッチ

運動すると分泌されるホルモン「イリシン」が脳を活性化させ、認知症を予防する

【モチベーション向上】「やる気ホルモン」が10分で分泌する筋トレの作用

筋トレなどをして筋肉を動かすと、各内分泌器官から、次のようなホルモンが分泌されていることがわかっています。

- ・脳下垂体前葉から分泌される「成長ホルモン」
- ・副腎から分泌される「副腎ホルモン」
- ・性腺から分泌される「性ホルモン」

この中で特に注目されているのが性ホルモンの「テストステロン」(男性ホルモン)です。テストステロンには、筋肉や骨を強くする働きや、脂肪の分解を促進し、自律神経を整える働きなどがあります。

男性と比べると微量ですが、このテストステロンは女性の身体の中でも分泌され、男性の場合と同じ働きをしています。

テストステロンは、筋トレを始めてから、たった10分で分泌されることがわかっています。

筋トレでは10分で分泌されますが、有酸素運動などではなかなか分泌されず、運動を始めてから1時間ほど経つとようやく分泌されます。

ジョギングなら1時間もかかってしまうのが、筋トレなら10分で効果が得られるのですから、このことを知っている世界のビジネスエリートたちが筋トレをする理由がよくわかります。

ロンドンの証券会社の証券マンについて調べた興味深い研究データもあります。

午前中に男性ホルモンの分泌量が多い証券マンのほうが、少ない証券マンより、業務成績がよかったそうです。この研究は、2008年アメリカの権威ある学術誌『アメリカ科学アカデミー』で発表されています。

そしてこれは僕の経験ですが、**筋トレをしていると、分泌されるテストステロンのおかげか、チャレンジ精神が湧いてきて、いつも前向きな精神状態でいられます。**気持ちを強くしてくれるところも、僕が筋トレを愛する理由のひとつです。

テストステロンに関するおもしろい話があります。

僕の地元の大阪の平野区に「理容イワモト」という予約の取れない理容室があります。この理容室に通うのは、男性だけでなく、ミスユニバースに出場するような美しい女性や、北海道在住の女性などもいます。朝9時から夜中まで営業してもまだ予約が取れないお客さんがいる超人気店です。


この理容店のマスター岩本美高《よしたか》さんを初めて見た時、僕は言葉を失いました。恐ろしいほどの筋肉をまとった身体をしていたのです。

当時19歳だった僕は知人の紹介で、坊主頭から卒業しようと思いこの店に行ったのですが、髪型などどうでもよくなり、岩本さんに筋トレについて質問しまくりました。すると、初対面だったのにもかかわらず、散髪が終わったら一緒に筋トレしに行こうと誘ってくれました。

筋トレで意気投合し、週1回は会うようになり、岩本さんが同性からも異性からもとにかくモテまくる姿を、そばで見せてもらいました。

芸能人でも有名アスリートでもないのに、こんなにモテる人がいるのか！　と僕はとても驚きました。

岩本さんは、僕によくこう言っていました。

「筋トレで鍛えていると、身体全体からフェロモンが出て、誰からもモテるねん！だから、どれだけしんどくても筋トレするねん。誰からもモテたほうが、人生楽しいやろ。

だけどな。筋肉隆々な身体をしていても、筋トレをサボっている時は、不思議なことにモテないねん」


テストステロン、恐るべし！

筋トレをサボっている時は、テストステロンの力が足りないのだと思います。

岩本さんのこの言葉を聞いた19歳の僕が、さらに筋トレに励むようになったのは、言うまでもありません。

「筋トレ」スイッチ

テストステロンを分泌させて、前向きな精神状態に。モテるカラダを目指そう！

【注意力&記憶力UP】トレーニングで「学習能力」が高まる!?

筋トレなどの運動をすると分泌される「イリシン」は、脳に入ると神経細胞を増やし保護する作用がある「ＢＤＮＦ」（脳由来神経栄養因子）が海馬で増える——ということは前述したとおりです。

２００７年にドイツの研究者グループが人間を対象に行った研究では、運動前より運動後のほうが20パーセント早く単語を覚えられるという結果が出て、「ＢＤＮＦ」と「学習効率」に相関性があることが明らかにされました。

また、**定期的に運動している人ほど、イリシンが分泌されやすい**そうです。

そして、運動が３つのレベルで学習能力を高めていることもわかっています。

・運動すると、気分が良くなり、注意力が高まり、やる気が出る

・**運動すると、新しい情報を記録するニューロン同士の結びつきを促進する**
・**運動すると、海馬の幹細胞から新しいニューロンが成長するのを促進する**

このように、トレーニングをすると「注意力の向上」や「記憶力の向上」が期待できるのです。

これも僕の経験ですが、筋トレと受験勉強の相性は抜群に良いと思います。頭が疲れて行き詰まった時に筋トレをすると、さっきまでまったく解けなかった問題が解けるようになったことが何度もあります。

頭と身体が繋がっていることを実感し、僕はとても感動したものです。

また、わからない問題にしょっちゅう僕は出会うから、筋トレをしながら汗だくになって、受験勉強をしていました。その甲斐あって、偏差値38の高校から国立大学に合格することができました。

「脳を活性化するには、筋トレがいちばん効果的！」という考えが常識になる日は、そう遠くないと思います。

筋トレは、身体だけでなく、知性も磨いてくれるものだと、僕は心から実感しています。

「筋トレ」スイッチ

運動前より運動後のほうが「記憶力」が20%UPする

【人生100年時代の足腰】死ぬまで自分の足で歩くには、筋トレがベスト！

僕が20歳の時、柔道の試合で右膝に大怪我をして、3人の医師に「一生走れない。柔道復帰など不可能」と宣告された話。そして、UFCを目指していた23歳の時、練習中に首の骨を骨折した話は、先にもお伝えしました。

この二つの出来事は、僕が筋トレの大事さや凄さを改めて痛感する決定的な出来事になりました。

右膝に大怪我をした時、僕は右足にギプスをつけ、3カ月の入院生活を余儀なくされました。

寝たきりの3カ月が終わりギプスを外すと、僕の足の筋肉は痩せ細り、見る影もなくなっていました。腰には床ずれができ、起き上がると立ち眩《くら》みがします。

体力がなくなり、動きがおぼつかなくなり、まともに歩けません。トイレに行くのもままならない状態に、僕は愕然《がくぜん》としました。たった3カ月の寝たきり生活で、こんなにも筋肉も体力も落ちてしまったことに、戸惑いを隠せませんでした。

「健康を失うと、すべてを失う」という言葉が、頭をよぎります。トイレに行く、お風呂に入るなど、生きていくために最低限必要な動作や行動ができなくなっていることに、僕は心底恐怖を感じました。

しかし、筋肉量が減少した身体で歩くことや動くことがどれくらい大変か、身をもって経験したおかげで、筋肉の素晴らしさやありがたさを実感することができました。

「要介護」になる原因の3割強は、筋肉の機能低下によるものだと、国民生活基礎調査が発表しています。

筋肉量は、30歳あたりをピークに緩やかに減り始め、50歳以降から減少スピードが上がります。

さらに**脚の筋肉は、1歳歳をとるごとに1%ずつ減少していく**と言われています。

「老化は足から」は本当なのです。

筋肉量が減った身体で日常生活を送ることは、想像以上に大変なことでした。
日頃からできる範囲で筋トレをして筋肉量を少しでも増やしておけば、誰にでも最悪の事態は回避できます。病気や怪我をしても、〝筋肉貯金〟がたくさんあれば、寝たきりにならなくて済むのです。

「筋トレ」スイッチ

「要介護」にならないためには、筋肉量を少しでも増やすしかない！

【健康長寿&冷え性防止】
筋肉は身体にとっての「エンジン」&「ストーブ」

筋肉は「身体のエンジン」です。

こう言うと、スポーツを思い浮かべる人が多いのですが、**私たちが日常生活のなかで、立ったり歩いたり走ったり、身体を動かせるのも筋肉があるから**です。

また、喋ったり、呼吸したり、食べたりできるのも、骨と骨をつなぐ筋肉（骨格筋）が収縮するからできる行為なのです。

私たちの身体の中にある臓器や器官も、筋肉が動かしています。胃、腸、心臓なども、筋肉の収縮により動いています。

つまり、**生命に直結した身体の運動そのものが、筋肉が動くことによって、成り立っている**のです。さらに、立った姿勢や座った姿勢をキープするときにも、筋肉が働いています。

筋肉量が減れば、普段、当たり前にしている動作ができなくなり、日常生活に支障が出てきます。筋肉を維持することは、「健康長寿」への第一歩と言っても過言ではありません。

もうひとつの**筋肉の凄い働きは、身体の「ストーブ」として〝熱〟を生み出していること**です。

この話をすると驚く人が多いのですが、筋肉は動いていても動いていなくても、熱を生み出しています。

私たちの身体には体温があり、体温が維持できているのは筋肉のおかげです。実は、私たちの身体の熱生産の60％を筋肉が担っていて、20％程度を腎臓や肝臓、残りの20％程度を褐色脂肪が担っているのです。

僕は、冬場でもダウンの下は半袖のTシャツ1枚です。家を出るときは寒いのでダウンを着ていますが、5分も歩くと身体が熱くなり汗ばんできます。だからすぐに、Tシャツ1枚になるのですが、友人たちからは「寒いのを我慢してまで、筋肉を見せたいのか」と言われます（笑）。

でも、それは違います。本当に暑いから、僕はダウンを脱いでTシャツ1枚にな

「筋トレ」スイッチ

筋肉は身体を動かし、身体をあたためてくれる

るのです。これは間違いなく、筋肉が熱を生み出す「ストーブ」になっている証拠だと思います。

筋肉量が減るということは、身体の「ストーブ」が小さくなるということです。こうなると、身体が温まらなくなり、冷えやすくなります。40代、50代の女性が冷え性になる一因は、筋肉量と密接に関係しています。

つまり、**筋トレをして筋肉量を増やせば、〝冷え性〟を改善することができる**のです。

Superlative Training 17

【アンチエイジング】筋肉はホルモンを分泌する「内分泌器官」だった！

筋肉が、健康に役立つホルモン（生理活性物質）を自ら生み出している器官だったということを知った人は、もれなく全員が驚きます。僕もそうでした。

前述したように、筋トレなどをして筋肉を動かすと、様々なホルモンが分泌され活性化することが、多数の研究でわかっています。

昨今、注目されているのが、「マイオカイン」と呼ばれる、筋肉から直接分泌されるホルモンです。

筋肉には自らホルモンを生み出す力があり、そのホルモンが各器官に働きかけて、脂肪を燃焼させたり、認知症やガン、動脈硬化などの病気の予防に役立っていることがわかってきました。

ホルモンとは、「体内の働きを調整する微量な物質」で、今までは筋肉以外の身体の中にある「内分泌器官」から分泌されている――というのが一般的な考えでした。

しかし、「マイオカイン」は、筋肉が運動することによって、筋肉細胞自体から分泌されるホルモンで、しかも、健康や若さの維持に重要な役割を果たしていることが明らかになっています。

筋肉は、「内分泌器官」としての役割も果たしていたのです。

僕のクライアントで、筋トレ歴7年になる60代半ばの医師の方がいるのですが、鍛えられたとても良い身体をしています。誰が見ても、明らかに実年齢より10歳は若く見えます。

さらに、見た目だけでなく、この先生は最先端の医療や代替医療などにも興味を持っていて、お話しするたびに気持ちも若いと感じます。

筋肉から分泌されているホルモンは、現在、報告されているものだけで１００種類以上あります。その中でも非常に重要な働きを持っていると言われているものは、20～30種類。

「筋トレ」スイッチ

筋肉から分泌されているホルモンは100種類以上ある

筋肉から分泌されるホルモンが、近年続々と見つかっています。

「マイオカイン」の存在が明らかになったのは、2005年で比較的新しい研究です。

「マイオカイン」の研究はこれからが本番ですが、「筋トレと脳の活性化」の因果関係もわかりつつあります。

筋肉を動かすことによって、身体に良い影響を与えるホルモンの素晴らしさを享受できるのは、なんと素晴らしいことだろう！　と僕は思っています。

【ダイエットの新常識】最新最強のダイエットは筋トレ!!

筋肉は、「脂肪」や「糖質」を消費している――。

このことを知らない方が多いようですが、実は、筋肉は「脂肪」や「糖質」をエネルギー源として使うことで、熱を生み出しています。

また、生命を維持するために消費される基礎代謝の3〜4割は、筋肉が消費しています。

筋肉は身体の中で最大のエネルギー消費者です。

つまり、筋肉が身体の中で「脂肪」や「糖質」がだぶつかないように、消費してくれているのです。筋肉量が減れば、「脂肪」や「糖質」の代謝が下がり、それらは体内に蓄積されてしまいます。

このような状態になると、メタボリックシンドロームになり、やがて高脂血症や糖尿病、動脈硬化などの生活習慣病のリスクが高まります。

筋肉１kgあたりの基礎代謝量は、一日約50キロカロリー。筋肉を１kg増やすか減らすかで、基礎代謝量は1年後、大きく変わります。筋肉が増えれば、脂肪も糖質も効率よく消費されるので、確実に生活習慣病の予防につながります。

また、先に述べたように、筋トレをするとホルモンの分泌が活発化します。その中の「イリシン」は、脂肪と脳に対して大事な働きをするホルモンです。

イリシンの分泌により、脂肪の性質が、より燃焼しやすいものに変化します。私たちの身体の脂肪の多くは、白い脂肪である「白色脂肪」です。イリシンはこの白色脂肪を、燃焼しやすい脂肪「ベージュ脂肪」に変える働きをすることが解明されています。

つまり、**筋トレをすると「イリシン」が分泌され、「ベージュ脂肪」が増え脂肪が燃焼して、太りにくい、または、痩せやすい身体になれる**ということです。

もうひとつ、注目したい成分に「インターロイキン6」があります。これは、白血球が細胞レベルで情報交換する時に働くタンパク質です。

風邪などの感染症に罹《かか》り体内に炎症が起きると、免疫反応が起こります。その時、炎症の質によって、20種類以上もあるインターロイキンの中から、特定のインターロイキンが分泌されます。

これまで「インターロイキン6」は、白血球から分泌され、「身体に炎症があることを示す物質」という認識でした。

しかし、2005年に、筋肉からも「インターロイキン6」が分泌されていることがわかりました。徐々に研究が進み、「インターロイキン6」には、血管内の炎症を抑える力があり、動脈硬化を予防し改善する働きがあるのではないかと、期待されています。

そして、「インターロイキン6」には、脂肪の分解を促進する働きもあります。

私たちの身体の中の余分な脂肪は、だぶついたエネルギーが身体の細胞の中に中性脂肪として蓄えられたものです。

中性脂肪はまず、脂肪酸とグリセロールに分解しないと燃焼できません。分解後、脂肪酸が筋肉内に取り込まれエネルギーとして使われて初めて燃焼します。この分解の過程に、「インターロイキン6」が関わっていて、脂肪細胞に直接働くことがわかってきたのです。

さらに、「インターロイキン6」には、グリコーゲンとして肝臓に蓄えられた糖質を、グルコースに分解し、エネルギー源にする働きも持っています。

つまり、**筋トレをして「インターロイキン6」を分泌させれば、脂肪を燃焼し、糖質を消費する太りにくい健康な身体が作れる**ということです。

＊

僕のクライアントの50代医師の方の例です。

10年近く健康診断で内臓脂肪のデータが高く、気にしていました。この先生の趣味はゴルフで、シングルプレイヤーです。毎日打ちっ放しで練習し、週2回はラウンドしています。

食生活にも気を使っていましたが、内臓脂肪に変化はなかったそうです。そこで、筋トレを週2回90分、これを3カ月続けた結果、見事に内臓脂肪の数値が改善し、大変驚いていました。

筋トレで増えた筋肉が、脂肪や糖質を消費してくれた結果だと思います。

今、ダイエットの常識が変わってきています。

少し前までは、痩せるためには、「ジョギングやエアロビクスのような有酸素運動をして、脂肪を燃焼させる」という考え方が常識でした。しかし、今では「筋肉を大きくして、筋肉に脂肪や糖質を消費してもらう」という考え方が主流になりつつあります。

筋肉を大きく強くすると、普段どおりの生活を送っているだけで、より多くのエネルギーが消費され、太りにくく病気になりにくい身体になるのです。

「筋トレ」スイッチ

最新最強のダイエットは、「筋肉に脂肪や糖質を消費してもらう！」という考えに基づいた筋トレ

Superlative Training 19

【ケガの防止】筋肉が私たちの身体を守ってくれている

筋肉は、「プロテクター」として身体の中のいろいろな構造を守ってくれています。

筋肉が関節を守ってくれていますし、内臓も守ってくれています。

仮に、転倒したとしても、筋肉をしっかり鍛えておけば、骨折をせずに済む可能性は高いと思います。

余談ですが、僕がブラジルで格闘技の武者修行をしていた時のことです。

ブラジルは大好きな国ですが、日本とは異なり治安が悪く、日本人は強盗や窃盗にあいやすいのです。その理由は、「日本人はひょろひょろで弱そうだから」だというのです。

これを聞いた時、僕はとても悔しかったのですが、確かにその通りだとも思いました。

実は、僕もブラジルの街をブドウジュースを飲みながら歩いていた時に、見知らぬ女性からナイフを突きつけられ刺されそうになり、ブドウジュースを奪われそうになった経験があります。

幸い僕は、日頃から筋トレで身体と精神を鍛え、柔道もしていたので、冷静に自分の身を守ることができましたが……。

読者の皆さんも、できる範囲で筋トレをして筋肉の鎧《よろい》をまとい、身体を守ってください。

自分自身を振り返っても、僕のクライアントの皆さんを見ても、鍛えた者勝ちだとしみじみ思うのです。

「筋トレ」スイッチ

筋肉がサポーターとなり、関節や内臓などを保護している

Superlative Training 20

【筋肉の老化をストップ】廃用性萎縮やサルコペニアに効く！

筋肉の「老化」には、二つの原因があります。

・「廃用性萎縮」→ 使わないこと、動かさないことにより筋肉が衰えること
・「サルコペニア」（加齢性筋減少症）→ 加齢で起こる筋肉の衰え

「廃用性萎縮」は、私たちの身体が無駄をなくすために、「使わない筋肉なら、必要ない」と判断し、小さくしてしまうことです。生理学の原則でもあり、使わない機能は当然ながら、退化していきます。

「サルコペニア」は最近よく耳にする言葉ですが、ギリシャ語で「サルコ（筋肉）」「ペニア（減る）」という意味です。

病名ではなく、年齢とともに筋肉が減っていく現象を指します。あるいは、日常

生活で支障をきたすほど筋肉が衰えてしまった状態を指すケースもあります。

また、高齢者の太ももをＭＲＩなどで撮影すると、大腿四頭筋が衰えて細くなり、脂肪が増えて、筋肉の中にまで脂肪が入っている様子が見られることがあります。これは、筋肉の中にできた脂肪細胞で、筋肉の質が衰えている証拠です。

このように、筋肉が減り、筋肉の中にまで脂肪が増えている状態を「サルコペニア肥満」と言います。高齢者の場合、死亡率が激増するというデータも出てきています。

「廃用性萎縮」と「サルコペニア」は、筋肉が減るメカニズムは違いますが、お互いが関係していて、悪循環が止まらないケースもあります。

加齢による「サルコペニア」で筋肉が衰えているから、活動量が減り、その結果、筋肉を動かさないことが原因の「廃用性萎縮」が加速します。

ますます動くのが億劫《おっくう》になり、筋肉の萎縮がどんどん進み、ついに歩けなくなってしまいます。

こうならないためには、筋肉を動かすしかありません。

可能な限り自分ができる筋トレをすれば、筋肉の減少スピードを遅くすることができます。

特に、加齢の影響を受けやすい「足腰」の筋肉を鍛えることは、誰にとっても重要なことです。

内科の医師の方から聞いた話ですが、ある高齢者の方が「常に目眩《めまい》がする。何か悪い病気になったかもしれないから診《み》てほしい」と来院されたそうです。様々な検査をしたそうですが異常はありません。

医師がふとその患者さんの脚を見ると、骨が見えそうなくらい痩せ細った太ももになっていて、脚が震えていたそうです。

つまり、目眩がしていたのではなく、脚が震えていたから身体が揺れて、視界に映るものがすべて揺れて見えていたらしいのです。このような高齢の患者さんがとても増えてきているそうです。

僕としては、早急に筋トレが高齢者の方たちにも浸透していくことを願っています。

「はじめに」でもお話ししたように、何歳からでも筋肉は増やせますので、諦める必要はまったくありません。

本書の「井谷式　4つの基礎トレ」を今から始めて、健康寿命を伸ばしましょう。

筋トレをしない人生なんて、大損の人生だと僕は真剣に思っています。

「筋トレ」スイッチ

70歳・80歳・90歳……何歳からでも筋肉は増やせます！

Superlative Training 21

【質のいい睡眠】より筋肉を大きくする睡眠とは?

本章の最後に、「筋トレ」と「睡眠」の関係について考えてみたいと思います。

僕が会社員をしていた時代、毎日筋トレや武道でトレーニングを積み、睡眠時間を削って、夜はボディーガードのアルバイトをしていました。その結果、かなり免疫力が落ちてしまい、風邪や細菌感染に悩まされていました。当然、いくらトレーニングしても筋肉は育ちませんでした。

このような体験があるので、僕は、筋肉をつけるためには、睡眠もとても重要な要素だと思っています。

睡眠の研究は、始まったばかりです。

これから、いろいろなことがわかってくると思います。健康でいるために、睡眠はとても大事だということが、最近ようやく認識されるようになってきたところだと考えていいでしょう。

睡眠中には、筋肉や骨の成長が促進されています。「筋肉は、寝ている間に育つ」というのは、ある意味、本当です。子どもの場合、成長ホルモンが筋肉や骨を発達させているからです。

大人の場合、成長ホルモンは脂肪の代謝に関係しています。だから大人は、深くしっかり眠ったほうが脂肪が減ると考えましょう。

眠りに入って30分ほどたつと、深い眠りが訪れ、成長ホルモンの分泌が盛んになります。これは2時間ほどでピークを迎えるのですが、この時の「睡眠の質」がいいほど成長ホルモンの分泌量は高まります。

また、体内では、傷ついた細胞や臓器の修復作業や免疫力を高める作業、脳内の記憶の整理整頓など、様々な作業が行われています。また、成長ホルモンの分泌量は、運動後と睡眠時に高まることが明らかにされています。

成長ホルモンは、身体と心の若々しさを保ち、体脂肪をよく燃焼させてくれ、病気にかかりにくい肉体を作ってくれます。

「筋トレ」スイッチ

筋肉をつけるには、「筋トレをして、きちんと食べて、夜はぐっすり眠る」!!

つまり、健康な身体を作るには、「筋トレして、きちんと食べて、夜はぐっすり眠る」というのが鉄則です。

理想的な睡眠時間は、6時間半~7時間半と言われています。

「トレーニング、食事、睡眠」はどれも大事です。質のいい睡眠が取れるようベストな睡眠サイクルを見直しましょう。

COLUMN 1

FLAT TRAINING BENCH

フラット・トレーニング・ベンチ

ITANI ATHLETIC（イタニ・アスレチック）の代表的な商品が、このトレーニングベンチだ。僕の身体作りと物作りの基本的な考えは同じ。「丈夫で壊れないもの」がとても好きだ。僕のような体育会系の人間がモノを作っていると知ると、とても驚かれるが、世の中にこんなものがあったらいいな、と思うものを考え、図面を引き試行錯誤して商品を作っている。

この商品が生まれたのも、市販されているトレーニングベンチで僕が気に入るものがなかったことが発端だ。部屋のインテリアにも馴染んで、使い込むほどに愛着のわく頑丈なトレーニングベンチを作りたいと思い、2年もの間、図面を引いては消しを繰り返していた。ようやく図面が完成し、どうせ作るなら、ベンチプレスの世界大会でも使える強度にしたいと思い、脚には鋳物を、ベンチの部分には厚い一枚革を使用した。また、ベンチプレスの高さを調節できるようにもした。

こうして、世界でたった1台のトレーニングベンチができた。このトレーニングベンチは、トレーニングでの使い心地はもちろん最高！ トレーニング以外の時間も、ここに座って本を読んだり、軽食をとったりする際に使っている。僕は自分が使いたいもの、欲しいものを作って、自分で愛用していたのだが、「家具として買いたい」と言う人が現れて、商品として販売することになった。

自信を持って売りたかったので、ベンチプレス世界王者の上田真司さんに実際に使ってもらい、感想を聞いた。「機能性もデザインも今まで使ってきたベンチの中で最も優れている！」というお墨付きをいただいた。「トレーニングの本場、アメリカで売り込んだら？」この上田さんの一言で、僕の心に火がついた。

1週間後、僕はロサンゼルス空港にいた。僕の得意な「コネなしアポなし」の突撃行商だ。その結果、ローマン＆ウィリアムスをはじめとするアメリカの著名人の方々やセレクトショップ等で取り扱っていただいている。

CHAPTER 3
「筋トレ」をより有効にする食事法

〔京大式・筋トレ食事法①〕空腹・満腹の状態で筋トレするのはNG！

２０１２年、僕は低迷していた京都大学柔道部を再建してほしいという依頼を受け、京都大学特別技術指導員として、柔道部の学生たちの指導をすることになりました。

当時、京都大学柔道部が悩んでいたのは「パワーで負けないための肉体作りの方法」と「筋肉を効率よく増やす栄養の摂取法」についてでした。

そこで僕は、柔道部の現状を確認し、何を変えれば常勝校に返り咲くことができるのか、観察・分析しました。

最初に気がついたのは、学生たちの真面目さが裏目に出ているのではないかということでした。京都大学の学生は本当に真面目で、国立大学とは思えないほど稽古をしていました。しかし、**つらいことや苦しいことをたくさんすれば強くなれると勘違い**していて、効果的な筋トレや食事法はまったくできていなかったのです。

彼らは、朝から夕方まで大学の講義を受け、脳をフル回転させた後、エネルギーがほとんど残っていない状態で、空腹のままフラフラになりながら稽古していました。時には、めまいを訴える学生もいました。

こんなことを続けていたら、いつまでたっても強くなれないと判断した僕は、まずはじめに、誰にでもできるシンプルな栄養指導をしようと決めました。

基本的に、トレーニングする1時間から1時間半前に食事を済ませてもらいました。**空腹・満腹の状態でトレーニングするのはよくありません。**

トレーニング前、空腹なら、ゆで卵やバナナ、おにぎりなどを適量、食べるようまずは指導したのです。

「筋トレ」スイッチ

本格的なトレーニングの1時間~1時間半前までに食事を済ませておく

〈京大式・筋トレ食事法②〉筋トレ前後20分以内に「ゆで卵」と「おにぎり」

京都大学柔道部の栄養指導にあたって、僕は園田女子大学の教授でスポーツ栄養学のスペシャリストである松本範子先生に相談に行きました。

松本先生はオリンピック選手を始め、多数のアスリートの栄養指導をしてきて、結果を出されています。

その松本先生がアメリカスポーツ医学会で発表された研究結果を教えてくれました。

それは、筋肉の肥大を求める時は、筋肉の材料であるたんぱく質と、身体のエネルギー源である糖質を摂る食事が望ましいという研究結果でした。

日本の男子大学生でも手軽に摂取できるたんぱく質と糖質は何か？

糖質は、おにぎりやバナナ、たんぱく質はゆで卵など。これらが誰にでも簡単に摂取できる食材だと教えてくれました。

僕は早速、身体のエネルギー源になるおにぎりと、筋肉の材料になるたんぱく質のゆで卵を、京都大学柔道部員たちに練習の前と稽古終了後20分以内に食べてもらうことにしました。

筋肉をつける食事で大切なのは、「食事と食事の間隔をあけすぎない」「たんぱく質と糖質を一緒に摂る」ことです。

筋肉を大きく強くしたいボディビルダーの選手たちは、一日の食事を5〜6回に分けてとっています。その理由は、筋肉の合成のスイッチをオンにする食事法だからです。

食べ物を摂取すると、それが刺激となりたんぱく質の「合成」が始まります。その状態が続き、やがてモードチェンジして、次の食事まで「分解」の時間が続きます。

食事と食事の時間があきすぎると、「分解」のモードが長くなってしまうので、食事の間隔をあまりあけないほうがいいのです。

たんぱく質と糖質を一緒に摂ることで、筋肉の「合成」スイッチが入ります。

この栄養指導を始めた当初は、勉強が忙しくておにぎりとゆで卵を用意できない学生が何人もいました。仕方がないので、僕が作っていって稽古前後に食べてもらうようにしていました。

稽古前後に少し食べるだけで、身体が動きやすくなったり、疲労しにくくなったり、筋肉がつきやすくなったりすることを少しずつ彼らに実感してもらい、これを習慣化していったのです。

ちなみに、彼らが筋肉を太くするために行っていたトレーニングは、プランク（床にひじをついた腕立て伏せの状態でキープするトレーニング）でした。プランクは、負傷兵の機能回復のためのリハビリ種目です。

これをどんなにやっても、柔道部員たちが望むパワーのある強い筋肉は作れません。僕はこの本で紹介している足・胸・背中・腹の4つの筋トレメニューに絞って、指導を開始しました。

すると、3カ月もたたないうちに、何をしても筋肉が増えなかった柔道部員たちの体重が10kg近く増加し、筋肉隆々の身体に変貌を遂げていきました。

彼らは問題の解決策に納得すれば、愚直に真面目に取り組みます。そして、驚くような速さで成長を遂げるのです。

2016年と2018年、京都大学柔道部は、低迷を続けていた高専柔道（寝技中心の柔道）の七帝戦で、日本一に返り咲くことができました。

「シンプルな筋トレ」と「効果的な食事」の積み重ねが彼らを大きく成長させ、その結果、輝かしい成績を残すことができたのです。

卒業していく学生たちに、僕は食事も含めた身体作りを一生涯続けてほしいと話しています。

そして、僕はかねてから、日本を代表する学校から、文武両道の精神を持った人材が育成されることを強く望んでいます。

「健全なる精神は、健全なる肉体に宿る」

文武両道の人材が育成されることで、日本の社会はもっと良くなると信じています。

「筋トレ」スイッチ

筋トレ前後20分以内に、たんぱく質と糖質を一緒に摂る

Superlative Training
24

スポーツ栄養学のスペシャリスト直伝の「筋肉メニュー」

スポーツ栄養学のスペシャリストである園田女子大学教授の松本範子先生に、読者のみなさんがイメージしやすいように、効率よく筋肉を作れる一食のメニューを聞いてみました。

主菜、副菜があり、主食のご飯とお味噌汁があるのが基本です。

このようなメニューが様々な栄養素を摂取することができて、筋肉のためにも良い献立だそうです。

・主食 → ご飯
・主菜 → サバの塩焼きまたは味噌煮、または、玉ねぎ入り豚肉の生姜焼き など
・副菜 → 肉じゃが、筑前煮、かぼちゃサラダ など
・副々菜 → ほうれん草のお浸し、きゅうりの酢の物 など

・汁もの → お味噌汁、スープ
・デザート → 果物　など

体脂肪を減らしたい場合は、食べ過ぎに注意が必要です。食べる順番を意識しましょう。

まずは、野菜から食べる習慣をつけます。

つまり、血糖値の上がりにくい食べ方をすることがいろいろな意味で大事です。

次に、よく噛むことです。

早食いはいけません。食物繊維が豊富なもやし、えのき、海藻などを食材に使うと、必然的に噛む回数が多くなります。

松本先生は学生さんに協力してもらって、食べる時間を計る実験をしました。

好きな順番で自由に食べてもらうと、一食たった7分の早食いで食べ終わってしまったそうですが、野菜から食べてもらった時は、約20分もかかったそうです。

ゆっくり食べると、血糖値の上昇も緩やかです。

＊

僕の普段の一日の食事「井谷式　筋肉メニュー」もご紹介しますので、こちらも参考にしてください。

・朝食→ご飯、納豆、野菜具沢山味噌汁、目玉焼き2～3個（その日の体調で数を決める）、焼き魚、サラダ、季節の果物

・昼食（外食）→ステーキランチ、または、和食
ステーキランチ（ご飯・サラダ大盛り・コーンポタージュ・ステーキ200g）、または、和食（五穀米・生卵・野菜具沢山味噌汁・豚肉の塩麹焼きもしくは季節の焼き魚・蒸した温野菜）

・夕食→ご飯、納豆、野菜具沢山味噌汁、目玉焼き2～3個（その日の体調で数を決める）、焼き魚、サラダ、季節の果物

朝食と夕食の焼き魚は、福井県小浜から取り寄せている干物を冷凍保存して焼い

ています。

なるべく頭から尻尾まで食べて、より栄養を吸収できるように意識しています。

魚の種類は、サバ、金目鯛、ハタハタ、クロムツ、銀鱈、カマス、アジ、カレイを用意していて、その日の気分で魚を選んでいます。

昼食は外食ですが、基本的には決まったお店で決まったものしか食べません。

内臓があまり強くないので、身体の調子が良い日は、補食としてゆで卵や目玉焼きを2～3個と塩むすび2個を食べています。

内臓が疲れていると感じる時は、週末の休みの日に「プチ断食」をします。プチ断食の日は、水は飲みますが、何も食べません。

「筋トレ」スイッチ

筋肉をつけるための理想のメニューは、主食、主菜、副菜、汁物、デザートの構成の食事

「プロテイン」を飲まなくても筋肉質になれる

僕の身体は、誰から見ても筋肉質な身体です。

かなりの頻度で、「プロテインはどのくらい飲んでいますか？」「どのメーカーのプロテインを飲んでいますか？」と聞かれます。

「プロテインは飲んでいません」と答えると、「え〜、ホントですか!?」と、皆さんとても驚きます。

また、こんな質問もよくされます。

「プロテインを飲んだほうがいいですか？　飲まないほうがいいですか？」

このような質問に対して僕は、このように答えます。

「飲まなくていいと思います。プロテインに頼るのではなく、食事をきちんと組み立てて筋肉を作りましょう」

つまり、たんぱく質も糖質も、ビタミン・ミネラルなどの微量栄養素も、必須アミノ酸も必須脂肪酸も、**筋肉を育てるために必要な栄養素は、少しの工夫と知識があれば、全部食事から摂取できる**のです。

実際に、僕はそうして自分の身体を作ってきました。

20代前半の頃、早く筋肉を大きくしたくて、プロテインを積極的に飲んでいた時期が僕にもありました。しかし、不思議なことになかなか疲れがとれず、僕はいつもくたびれていました。

ブラジルに武者修行に行った時のことです。

ブラジルで最も優秀な大学であるサンパウロ大学の医学部の学生と知り合い、いろんな話をするうちに、サプリメントやプロテインの話になりました。その学生は、僕にこんなアドバイスをしてくれました。

「武の疲れが取れないのは、もしかしたらプロテインやサプリが原因かもね、多分、武の内臓にかなり負担がかかっているんじゃないかな。ケミカルな添加物が入っているようなプロテインやサプリは、飲まないほうがいいと思うよ」

そしてさらに、ケミカルな添加物の恐ろしさを、いろいろと教えてくれたのです。

筋肉に必要な「必須アミノ酸」は食物から摂取できる！

プロテインを飲むと、腸や肝臓に負担がかかることは医学的に明らかになっています。例えば、プロテインを多飲するボディビルダーの選手などで、腸や肝臓の調子が悪くなったと訴える人もいるようです。

「もしかしたらプロテインは、内臓が強くない自分には合わないのかもしれない」と、僕は考えるようになりました。

そして、試しにプロテインを飲むのをやめてみることにしました。

飲むのをやめて2週間もすると、驚いたことに、あんなに疲れがとれなかった僕の身体はかなり楽になっていました。

この時に、「プロテインを飲まなくても、食事から必要な栄養素を摂取すれば、きちんと筋肉をつけられるということを証明しよう」と考えたのです。同時に、「それが人間にとって最もいいことで自然なことだ」と思いました。

それ以来、僕はプロテインもサプリメントも一切飲んでいません。

「BCAA」サプリメントよりも、「だし汁」！

筋肉は、たんぱく質でできています。筋肉を効率よく作るには、たんぱく質を多く含む食品を食べることが必須です。

たんぱく質を多く含む食品といえば、肉や魚、卵、納豆、豆、乳製品など。特に肉類は、筋肉のたんぱく質を構成する成分が多く含まれています。

筋肉のたんぱく質を構成する主成分が、3つのアミノ酸「バリン」「ロイシン」「イソロイシン」です。この3つのアミノ酸は、「BCAA」（分岐鎖アミノ酸）と呼ばれ、昨今、大変注目されています。

「BCAA」は、筋肉にとってなくてはならない栄養素で、筋肉の「合成」を促進し、「分解」を抑える働きをしています。また、筋肉を動かす時にも使われています。

最近では、「BCAA」配合のサプリメント等も発売されていますが、僕はサプ

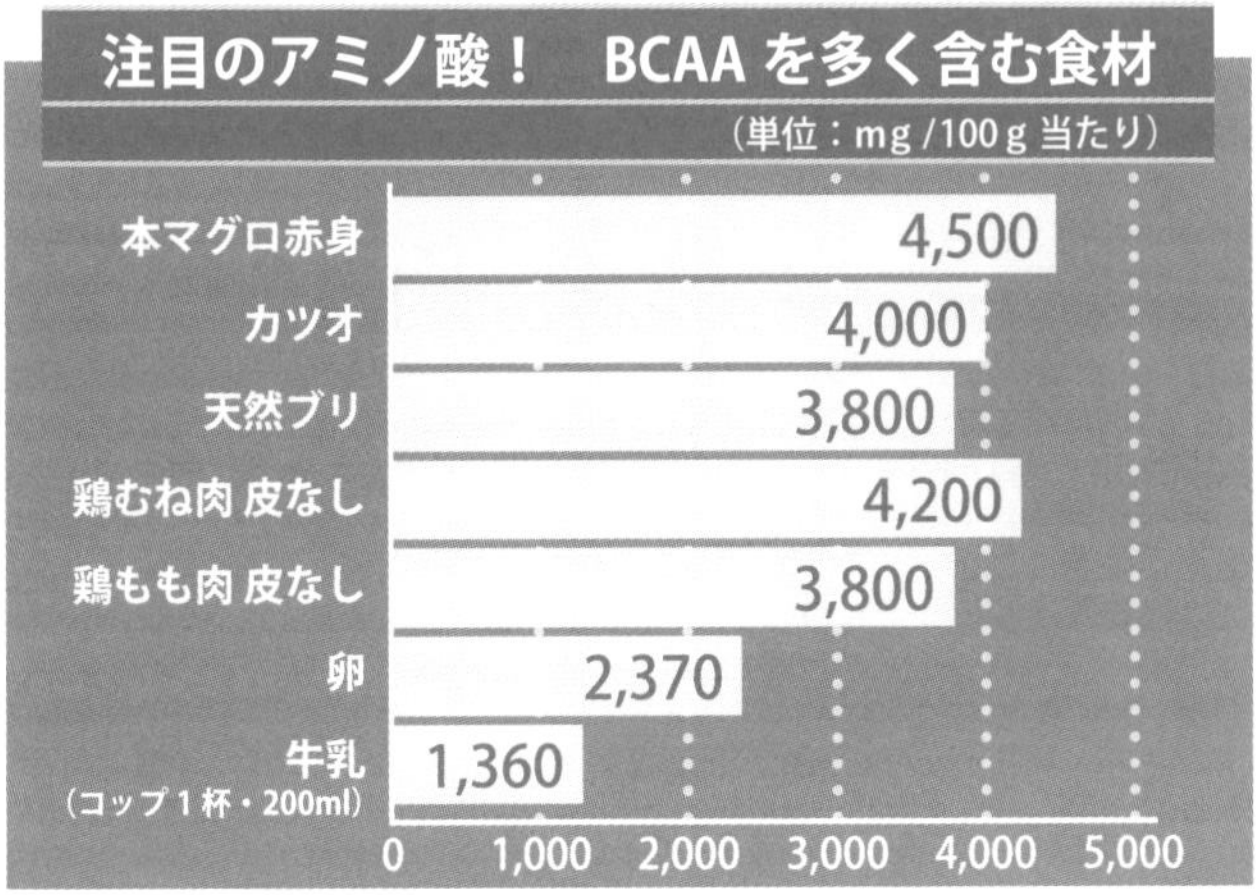

リメントでは摂取していません。基本的に食品から摂取しています。読者の皆さんにも、できるだけ食品から摂取することをお勧めします。

「ＢＣＡＡ」は、人間の身体の中では作れない必須アミノ酸なので、食べ物から摂取しなければいけません。

肉類や魚類などの動物性たんぱく質は、植物性たんぱく質よりも「必須アミノ酸」がバランスよく含まれているので、積極的に摂取しましょう。

肉なら脂肪が少なく筋繊維が多い鶏のむね肉（皮なし）、もも肉、ささみ、魚ならマグロ赤身、カツオ、ブリなどがおすすめです。

京都の老舗のだし屋さんに、だし汁の栄養素の話を聞いていた時のことです。

日本の伝統的な昆布とカツオ、椎茸のだし汁に含まれる栄養素には、多数の必須アミノ酸など、筋肉にとって必要な栄養素がいくつも含まれていることに気がつきました。

筋肉に絶対必要なアミノ酸である「ＢＣＡＡ」（バリン、ロイシン、イソロイシン）は、なんと日本のだし汁の中に含まれていたのです。僕は、「ＢＣＡＡ」のサプリメントを飲むよりも、日本のだし汁を飲めばいいということを発見して、とても嬉しくなりました。

＊

携帯用の保温ポットに、老舗のだし屋さんのケミカルな添加物ゼロのだしパック（本格的な鰹節、昆布、椎茸などがブレンドされたもの）を入れて、お湯を注げば簡単に美味しいだし汁が出来上がります。

ここにお気に入りの自然海塩を少々入れますが、入れなくても十分美味しいです。

僕自身は、これをトレーニング中などに飲んでいます。

ＵＦＣ世界チャンピオンのマックス・ホロウェイと、ディスティニー世界チャン

「筋トレ」スイッチ

筋肉に必要な必須アミノ酸「BCAA」はだし汁に多く含まれている

ピオンの中川マイケルに、このだし汁を勧めたら「美味しい！」とたいそう気に入ってくれました。世界チャンピオンの彼らも、トレーニング中にこのだし汁を飲んでいます。

実は、この京都のだし屋さんと僕は、現在アスリートのための「アスリートだし」を開発中です。この「アスリートだし」は、プロテインのように内臓に負担がかかることはなく、スポーツドリンクに入っているような人工甘味料なども入っていません。

自然界に存在する微量栄養素を、簡単に添加物なしで摂取できる重要な商品になるのではないかと思っています。

「たんぱく質不足」に注意する!

筋肉を効率よく作るために、たんぱく質が重要なことは理解できたと思います。

では、一日どのくらいの量のたんぱく質を摂取したらいいのでしょうか?

厚生労働省の食事摂取基準では、一日のたんぱく質摂取量は、男性が60g、女性が50gとなっています。

男性で激しい運動をしている人は、体重1kgあたり2gくらい必要とのこと。ただし、身体が筋肉作りに一度に利用できるたんぱく質の量は、20gまでという研究もあります。

しかし、東京大学の石井直方教授によると、筋トレをして筋肉を増やしていきたいなら、体重1kgにつき、1・5gぐらいが適量だそうです。

食が細くなった高齢者の方は、たんぱく質不足に陥りやすいので、若い時の2倍

身近な食材に含まれるタンパク質の目安

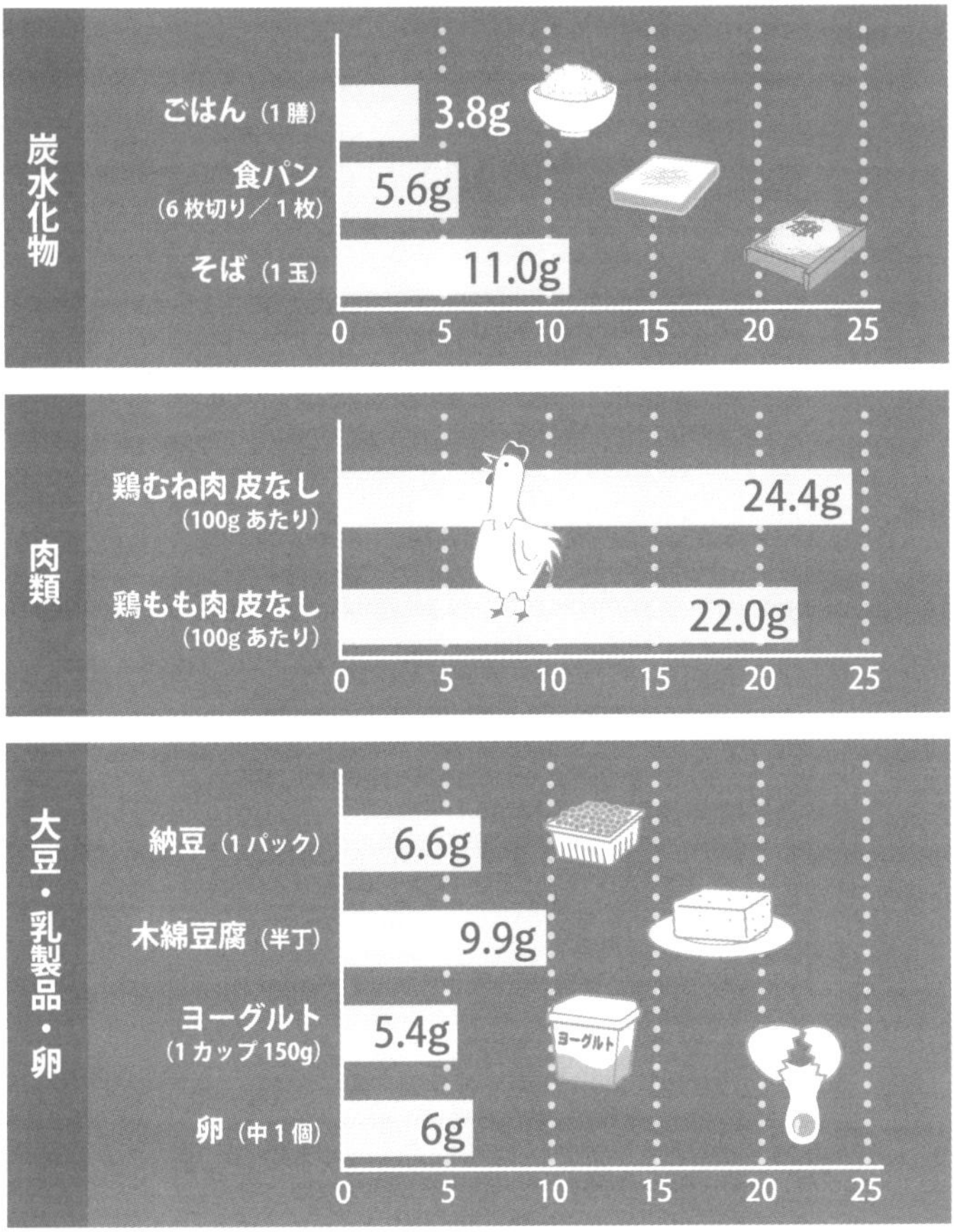

くらいのたんぱく質が必要かもしれません。

たんぱく質が不足している状態では、筋トレしても筋肉量は増えにくくなってしまいます。特に高齢者の方は、たんぱく質を積極的に摂るという意識を持つことが大切です。

「筋トレ」スイッチ

筋肉を維持するために、一日に必要なタンパク質の量は、体重1キロあたり1・5g。

Superlative Training 28

良質の脂質は、私たちの健康維持に必要不可欠

脂質は、長時間の運動においてエネルギー源として使われるほか、細胞膜や核膜、ホルモンの材料になっています。また、皮下脂肪として臓器を守る役割もあります。さらに、脂溶性ビタミン（ビタミンA、D、E、K）を吸収する働きもあります。

人間の身体で合成できない必須脂肪酸は、食事から摂取しなければいけません。特に意識して摂取したいのは、「DHA」（ドコサヘキサエン酸）と「EPA」（エイコサペンタエン酸）です。

これらの脂質は、健康に役立つとても大切な脂質で「オメガ3」の油に分類されます。青魚やえごま油、亜麻仁油などに多く含まれています。

「オメガ3」の脂質の効能は、体内の炎症を抑え、血管を守り、血液をサラサラにして動脈硬化を予防することがあげられます。さらに、「DHA」や「EPA」は、

筋肉の合成を促し、筋力アップにも関係しているという研究もあります。

「DHA」や「EPA」を多く含む食品には、ウナギ、マグロ、サバ、ブリ、ハマチ、イワシなどがあります。これらの魚は、たんぱく質も豊富に含むので、意識して摂取することをお勧めします。

僕は高校時代、70kgあった体重を60kg以下に落として、「60kg級」で柔道の試合に出場していました。当時は減量方法など知らず、我流でしかも根性だけで、食べ応えのあるリンゴとキャベツを食べて減量していました。脂抜きダイエットです。

また、水をがぶ飲みしてしまうので、スプーンですくって飲んでいました。

その結果、体重は落ちましたが、肌はガサガサ、爪はボロボロ。練習後は歩くのも困難になり、ガードレールを掴みながら家まで帰っていました。良質な脂肪はまったく摂取できておらず、明らかに低栄養に陥っていたと思います。

「こんなことを続けていたら死んでしまう……」と思い、階級を2階級上げて、栄養学の勉強をすることにしました。

酸化していない「オメガ3」のような良質な脂質は、私たちにとって大変重要な栄養素です。しかし、酸化した脂質の摂取は可能な限り避けたほうがいいでしょう。特にマーガリン、ショートニングなどのトランス脂肪酸は極力摂取を控えてください。揚げ物なども脂質が酸化しているので、食べる量に気をつけたほうがいいと思います。

「筋トレ」スイッチ

「DHA」や「EPA」は、筋肉の合成を促し、筋力アップにも関係している！

COLUMN 2

JUDO SHORTS

柔道ショーツ

柔道やブラジリアン柔術が、欧米のセレブの間でブームになっている。アメリカのエリートが集まる会員制のクラブや、イギリスのオックスフォード大学、アメリカのジョージタウン大学でも柔道の稽古が行われている。LAでは、柔道や柔術のパーソナル指導が1時間300～1600ドル。これに予約が殺到しているそうだ。

なぜ、いま柔道が注目されるのか？　それは根底に流れる文武両道の精神。オックスフォード大学も、スタンフォード大学も、ジョージタウン大学も文武両道の名門校であり、アメリカでは今や鍛えた身体をしていないと、相手にされずビジネスにも支障をきたす。

僕は中学生の頃から、柔道衣を着続けてきた。柔道衣を着ると、自然と背筋が伸びる。柔道衣は100年以上かけて少しずつ改良されてきた。頑丈で使えば使うほど自分の肌になじみ、生地が柔らかくなっていく。身体もそうだが、僕は道具や服も強くて丈夫でシンプルなものが最高だと思っている。

僕は、「日本の武道から生まれた柔道衣の生地を使用して、筋トレする時や山や海でキャンプする時も着られるものができないか」と、ずっと考えていた。そして3年に及ぶ交渉を経て、ついに世界中の柔道家、オリンピック選手たちが愛用する老舗の柔道衣メーカー「九《く》櫻《さくら》」とのコラボレーションが実現。この柔道ショーツが誕生した。

ラグジュアリー男性誌「LEON」にこの柔道ショーツを掲載していただいた際、LEONオリジナルカラーの柔道ショーツを作り、その月のレオン通販で売り上げ1位を獲得した。この柔道ショーツは、ハリウッドスターが通うLAのセレクトショップで取り扱っていただいている。また、グラミー賞を受賞しているヨーナス・マイリン氏などが愛用している。

CHAPTER 4
「筋トレ」の疑問・「心身」の悩みに答えます

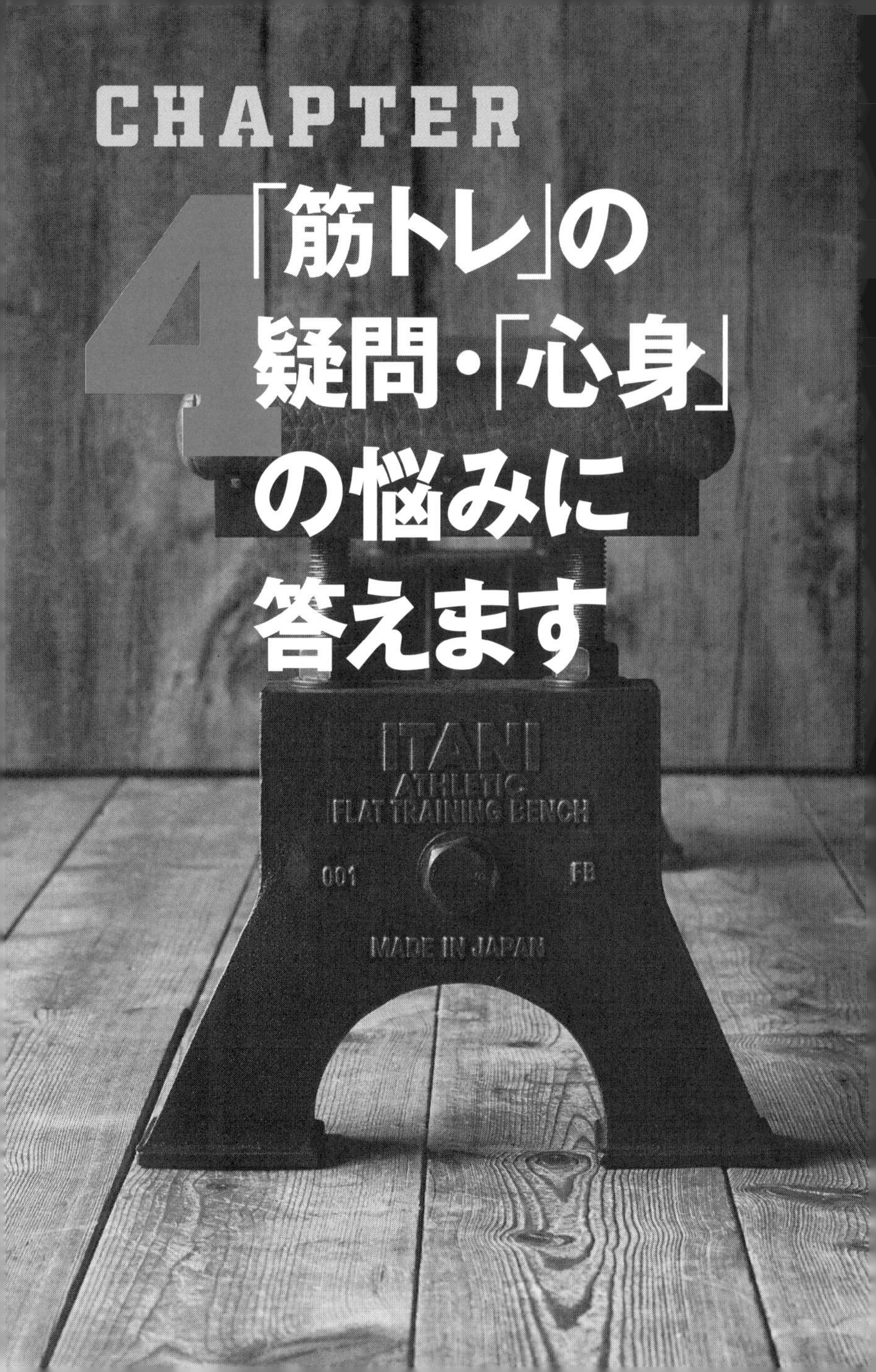

Q 毎日、ジョギングをしていますが、筋肉がつきません…

A 有酸素運動だけでは筋肉はつきにくい

「毎日1時間も歩いているのに、筋肉がつかないのですが……」

「ヨガを始めて半年になりますが、一向に引き締まった身体になりません」

僕はよくこのような相談を受けます。


「ジョギング」や「ウォーキング」などの有酸素運動は、心肺機能を向上させ血液の循環を良くしてくれるという利点があります。

心筋梗塞や脳梗塞の予防には適していますが、筋肉をつけるのには適していない運動だと考えていいでしょう。特に、加齢による筋肉の減少対策には、あまり役立たないという報告もあります。

「ヨガ」は、身体の柔軟性を高め血液循環を良くしてくれます。

疲労回復や怪我の予防などにはとても適していますが、筋肉をつけて身体を引き締める運動には適していません。

つまり、**筋肉も骨も、ある程度の負荷をかけないと強くならない**のです。

また、健康に良い運動の代表として、「水泳」があります。

水泳の良さもいろいろあるのですが、水泳もジョギング、ウォーキング、ヨガ同様、筋肉や骨を強くする負荷は加わらないので、思ったように筋肉はつきませんし、骨密度を高くしてはくれません。

では、筋肉をつけて骨密度を高めてくれる運動として、最も適している運動は何なのでしょうか？

それは、地上で筋肉や骨に力学的な負荷をかけることができる〝筋トレ〟です！

Q 長続きしない性格です。三日坊主で終わりそう…

A 「スクワット」だけをやってみよう！

筋トレが続かない人は、筋トレのメニューを全部やろうとするのではなく、巻頭のトレーニングページでもふれたように「キング・オブ・エクササイズ」と言われているスクワットだけをやってみるのはいかがでしょうか？

時間にして、たった5分。これを、朝や夜の隙間時間に、自分の日課としてやるようにするのです。

これなら、できそうな気がしませんか？

スクワットをやったら、（例えば、20回×3セット）、72時間筋肉を休ませたほうが効果的に筋肉がつきます。ですから、2日おきにトレーニングすればOKです。

腹の筋トレであるニートゥチェストは、毎日行っても大丈夫です。

毎日やるほうが習慣化しやすいと思う人は、ぜひニートゥチェストを毎日やってみてください。

最初は、欲張らずに何か一つの筋トレだけに特化して、トライしてみましょう。

また、**あなたが「こんな身体になれたらいいな」と憧れているアスリートやモデル、俳優さんなどの写真を、目標とともに部屋に貼っておくのもいいでしょう。**

僕は子供の頃、虚弱体質で身体が弱く、筋肉隆々のアーノルド・シュワルツェネッガーに憧れて筋トレを始めました。当時僕は、目標を書いた紙とシュワちゃんの写真を自分の部屋に貼って、それを見ながら筋トレをしていました。

筋トレ初心者の方は、はじめのうちだけでもパーソナルトレーナーをつけてトレーニングするのも一案だと思います。

なぜなら、パーソナルトレーナーをつけるということは、トレーニングする日時を約束するということだからです。

僕のクライアントのお医者さんは、筋トレを始めた頃「やりたくないなぁ。でも武ちゃんが来るから、やるしかない」と思っていたそうです。

筋トレ歴5年以上で筋肉隆々の身体になり、筋トレにハマっているクライアントさんでも、筋トレをやりたくない日があるそうです。だけど、約束の日時に僕が行くから、筋トレするしかないのです（笑）。

そして、僕のクライアントさんたちは、自分にムチ打って無理やり筋トレをした後の爽快感や達成感が、「たまらなく気持ちがいい！」と口を揃えます。それも、筋トレを続けるための秘訣だと思います。

Superlative Training 31

Q いつトレーニングするのがいいですか？

A 習慣化しやすい「朝」がオススメ！

筋トレを継続するためには、朝の時間帯を活用するのがいいでしょう。もちろん、夜や休日のほうが時間調整しやすいという方はそれでもかまいません、**大切なのは、曜日や時間を決めて、無理なく習慣化すること**です。

しかし、ＮＧの時間帯があります。「目覚めてすぐ」「寝る直前」「食後すぐ」の時間帯は、身体への負担が大きいので、筋トレするのは避けてください。

この３つの時間帯以外なら、いつ筋トレしてもＯＫです。あなたのライフスタイルに合わせて、筋トレを組み込んでください。

なぜこの３つの時間帯は筋トレＮＧなのでしょうか？

まず、「目覚めてすぐ」は、まだ頭がぼんやりしていて、身体は水分不足の状態です。起きたら、まずはコップ1～2杯のお水か白湯を飲みましょう。水分が不足した状態でトレーニングすると、心筋梗塞や脳梗塞のリスクが高まります。特に夏は、注意が必要です。

「寝る直前」の筋トレも避けたほうがいいでしょう。運動することによって、交感神経が高まり、眠れなくなる可能性が高いからです。これには、個人差があるので、筋トレしたほうがよく眠れるという人は該当しません。

「食後すぐ」も消化の妨げになるので、筋トレは避けてください。少なくとも食後30分程度たってから、筋トレを行ってください。

多忙なビジネスパーソンは、「夜は疲れて運動する気にならない」という人も多いでしょう。筋トレをするとテストステロンが分泌されてやる気が出るので、ビジネスパーソンには朝、出社前の筋トレをおすすめしています。

Q あまりマッチョすぎる身体にはなりたくないのですが

A かんたんにはムキムキになれません

簡単にマッチョになれるとしたら、この世の中はムキムキな人で溢れているはず。なぜなら、筋肉は少しずつ少しずつ育っていくものだからです。

腕の筋肉を1センチ増やそうとしたら、相当な筋トレをしなければ増えないのです。

僕のクライアントの女性も、最初は「筋トレをして、ムキムキになるのは嫌です」と心配していたのですが、安心してください。特に女性はホルモンの関係もあり、男性のようにムキムキにはなれません。

例えば、アメリカのスーパーセレブたち、ミランダ・カーやジジ・ハディッド、オリビア・カルポなどは、かなりしっかりとハードな筋トレをしています。

その様子は、SNSで見ることができますが、彼女たちは決してムキムキではありません。

ダイエット先進国のアメリカでは、今や「ダイエットするなら、筋トレ！」が常識になっています。美しく痩せたいなら、体重を減らすのではなく、体脂肪を燃焼させてくれる筋肉を増やすことが重要なのです。

また、筋肉を１kg増やすと、基礎代謝は一日およそ50キロカロリー増えます。したがって、エネルギー量は、１カ月で１５５０キロカロリー、１年で１８２５０キロカロリーも増えて、太りにくい身体になります。

僕は筋肉の凄さをよく知っているので、僕の愛犬の柴犬「くま」にも、マウンテンバイクを引っ張らせる筋トレをさせています。おかげで、男の子の「くま」はムキムキ犬になりました（笑）。

Superlative Training
33

Q 自分に合うトレーナーとは？

A あなたが憧れる体型をしていたら、合格です

パーソナルトレーナーには大きく2つのタイプがあります。

僕のように、約束の時間にクライアントさんの自宅や会社へお邪魔して、トレーニング指導を行うパーソナルトレーナーもいますし、ジムに勤務してそこでトレーニング指導するパーソナルトレーナーもいます。自分のライフスタイルにあった方法で、トレーナーの指導を受けながら筋トレをするのも良い方法だと思います。


では、パーソナルトレーナーを選ぶ際は、どのような視点が必要なのでしょうか？

まずは、そのトレーナーの体型を見てください。

筋肉質で引き締まった身体、あなたが思わず「カッコイイ！」「素敵な身体！」と思うような体型をしていたら、合格です。そのトレーナーは、あなたが憧れるカッコイイ身体を作るためのトレーニング＆食事指導をしてくれるでしょう。

反対に、太っていてお腹がタプタプしているような体型をしていて、「え？　こ

の人が本当にトレーナー？」と思うようなら、そのトレーナーは「ノーサンキュー」しましょう。

もうひとつ、大切なことがあります。それはあなたとの相性がいいかどうかです。

いくら凄い身体をしていても、フィーリングがまったく合わなければ、トレーニングも楽しくありません。

そのトレーナーと実際にトレーニングしてみていかがですか？　楽しいですか？　良い関係になれそうですか？　モチベーションを上げてくれそうですか？

せっかくなら、筋トレ中のあなたのモチベーションを上げて、やる気スイッチをオンにしてくれる能力を持ったトレーナーがベストです。

素晴らしいパーソナルトレーナーと出会い、今の自分にとってベストなトレーニング理論と食事法を教えてもらうことは、最速で結果につながります。それは、あなたのモチベーション維持にもつながっていくでしょう。

Q 筋トレすると、とても疲れてグッタリ

A 疲れてからが、筋肉が育つ時間です！

トレーニング指導をしていて、クライアントが疲れてきた時、最高の笑顔で僕が必ず言う言葉があります。

「疲れてからが、おいしい！」

「疲れてからが、結果につながる！　筋肉が育つ！」

このように言うと、すべてのクライアントは最後まで頑張るのです。

笑顔は不思議です。人間のやる気に火をつけることができるし、疲れを忘れさせてくれる何かがあるのだと思います。

ですから、筋トレして疲れたら、「これで肉体が変わらないはずはない！」と考えてください。そして、僕の言葉を思い出してください。

「疲れてからが、おいしい！」

「疲れてからが、結果につながる！　筋肉が育つ！」

筋トレは仕事と同様、疲れるものだと割り切りましょう。

筋肉は、負荷をかけないと育ちません。

筋トレで自分の限界に挑戦していると、達成感を感じられるようになり、疲れるのが楽しくなってきます。

筋トレも仕事も、どうせ疲れるなら、楽しく疲れましょう！

最後に、筋トレが終わってから、疲れをとることも意識してください。

質の良い入浴、質の良い食事、質の良い睡眠は、疲れを取るために必須です。

Q 最近、モチベーションが上がりません…

A 僕は無理やり筋トレで人生を変えました

まずは、筋トレで人生が変わった僕の経験をお話しします。

冒頭でも少しふれましたが、ＵＦＣ世界チャンピオンを目指していた頃、Ｋ－1選手とミット打ちの練習中、相手選手のミスでパンチがミットではなく顔面を強打し、僕は首の骨を骨折しました。

でも長年筋トレをして鍛えていたおかげで、筋肉が折れた骨を支えてくれていました。どうやら、折れた骨と神経の間に、髪の毛1本分の距離があったようです。

「筋肉が君を守ってくれた。普通の人だったら間違いなく、亡くなっているか、半身不随になっていたよ」

担当医師のこの言葉を聞いた時、筋肉のおかげで九死に一生を得たことを、真剣に自覚しました。

しかし、ＵＦＣ世界チャンピオンの夢を失った精神的なショックは、右膝を大怪我した時とは比べものにならないくらい大きく、何を食べても味覚を感じられなくなっていました。

貯金を切り崩しながら、1年間、首の治療に専念しました。

「そろそろ仕事をしないと生きていけないいな」と思っていた矢先、実業団の柔道日本代表選手のトレーナーの依頼が、僕の元に舞い込んできました。

首の骨折で、大好きだった柔道も見たくない気持ちになっていましたが、背に腹はかえられないと思い、引き受けることにしました。

ここから、僕のトレーナー人生が始まります。

このようなつらい経験をしたことで僕はさらに強くなり、今まで以上に筋肉の重要性を実感し、筋肉を心から愛するようになりました。

筋トレで、肉体と精神の限界に挑戦し、弱い自分と向き合ってきたおかげで、根拠のない自信が少しずつ積み重なり、小心者だった僕の心も鍛えられていました。

僕には、「人生で起こることすべてをチャンスだと思える力」がいつの間にかついていました。

筋トレのおかげで、僕は生きていく上で一番大切な力を身につけることができていたのだと思います。

筋トレは、僕たちに健康や仕事やお金をもたらし、幸せを運んでくれる最高のツールだと信じています。

トレーニングを続けていただければ、必ずモチベーションも上がってきます！

Q 筋トレをしていますが、なかなか結果が…

A 負荷（重さ）とやる気が少ないのでは？

自分に合った「一定の負荷」（最大筋力の30％以上）をかけないと、筋肉はつきません。「最大筋力」とは、自力で1回だけ持ち上げられる重量（筋力の限界値）のことです。

筋トレを始めて2カ月以上たっているのに、筋肉が締まってきた感覚もなく、身体が軽くなってきた感じもなく、体脂肪にも変化がなければ、負荷（重さ）が少ないから、筋肉がつかないのだと思います。

筋肉がつきやすい負荷の目安は、ギリギリ10回できる重さです。

また、**筋トレでは「もうダメだ！」と思ってから、2～3回を必死になってやり切るから、筋肉が育ちます**。このことも意識してみてください。

つらい時にこそ、成長のチャンスが潜んでいる！　僕はこう考えて、つらい状況を楽しめるようになりました。

しかし、怪我をしてしまっては本末転倒。まずは、自分に合った負荷を見つけて、筋トレを継続しましょう。継続することで、必ず筋肉はつきます。

Q 筋肉痛になるのがツライ…

A 良い筋肉痛は、神様からの贈り物です

筋肉痛には、「即発性」筋肉痛と「遅発性」筋肉痛の2種類があります。

「即発性」は、たとえば400メートルを全力で走った時などに、脚の筋肉がとてつもなくダルく重くなって動かなくなり、筋肉に痛みが走りますが、1時間後には抜けているというタイプの筋肉痛です。

一方、「遅発性」は、運動してから1～2日後ぐらいに出てくる筋肉痛で、私たちが経験している筋肉痛の多くは、「遅発性」の筋肉痛です。

様々な研究によって、この筋肉痛はある種の警告のようなものだとわかってきました。つまり、筋肉にとって少しオーバードになる運動をして、筋肉が「ちょっと、勘弁ね」という信号を出していることになるのです。

この状態は、それなりに質の高い運動ができているサインにもなります。

また、筋トレ後、筋肉が張っていたら、適切に運動ができている証拠です。

筋肉痛がないと筋肉が発達しないわけではありませんが、筋トレで筋肉をつけてきた人は、筋肉痛が大好きです。反対に、筋肉痛がないと不安になります。

よい筋肉痛は神様からのプレゼントだと思って、喜んで受け入れましょう。

相対的に同じ負荷で同じ量のトレーニングをした場合、2～3回くらいトレーニングすると筋肉痛をほとんど感じなくなります。

しかし、今まで経験したことのない刺激が加われば、どんなに優れたアスリートでも筋肉痛は起こります。

肉離れの前段階、筋肉が腫れぼったい、熱を持っているというような状態であれば、トレーニングはお休みしてください。しかし、筋肉を動かすと少し痛みを感じる程度であれば、軽く運動したほうが早く筋肉痛がなくなります。

筋肉痛の先には、〝新しい自分〟との出会いが待っています。

Q 正直、運動が苦手で…

A まずは、「操体法」で身体を整えましょう

運動不足の方が、いきなり筋トレをするのはお勧めしません。まずは身体のバランスを整える運動療法である「操体法」からはじめてください（P188参照）。

ほとんどすべての人の身体には、その人特有の歪《ゆが》みがあります。歪んだ身体のまま筋トレをすると、歪みが一層ひどくなる可能性があります。

筋トレをする前の「操体法」は身体の歪みを整えてくれます。

この「操体法」は、東北大学医学部生理学教室出身の橋本敬三医師が開発したものです。前述のとおり僕は、東京大学の石井直方教授から教えていただきました。

石井教授が現役のボディビルダー選手として全国2位になり、次年優勝を狙っていた時のこと。腰椎の分離すべり症で、5分と歩けなくなってしまいました。

医師に「今年2位になったんだから、充分なのでは」と言われたそうですが、石

井教授は全国優勝を諦められなかったとか。

そんな時に、痛くないほう痛くないほうに身体を動かして、身体を整える「操体法」を紹介され、この「操体法」でしっかりと身体を整えてから、少しずつ筋トレを続けていたそうです。

その結果、次の年、石井教授は全国優勝を成し遂げました。

優勝した石井教授の腰椎の状態は、ＭＲＩで見ると良くなってはいなかったそうですが、周りの筋肉がしっかりと腰椎をサポートしてくれて、症状が出なくなっていたということです。

このように「操体法」と筋トレを組み合わせてトレーニングしていたら、症状が出なくなったという話を石井教授から聞いて、僕はきちんと身体を整えた状態で筋トレをすることの大事さを痛感しました。

「操体法」は運動不足の方にこそやっていただきたいトレーニングです。

Q 50歳を過ぎ、いまさら筋トレなんて

A 人生100年時代にこそ、筋トレを！

寝たきりを引き起こす要因の約30％が、加齢に伴う筋肉の減少です。

一般の人の筋肉量は30歳がピークで、以後減少の一途を辿《たど》ります。80歳では、30歳の時の筋肉量の約半分になってしまいます。

ですから、筋肉量を減らさず、筋トレをして筋肉を増やすことが大切になってきます。

特に、筋肉が目に見えて減ってくる50歳を過ぎた人には、筋トレは絶対に必要なものだと僕は思っています。

歩けなくなった70～80代の何人もの高齢者に、僕は筋トレ指導して、歩けるようになってもらった経験があります。

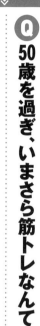

歩けなくなる前の50代のうちから、筋トレで筋肉を増やして、筋肉を〝貯筋〟しておいたら最悪の事態は免れるのです。

何歳からでも、自分に最適な筋トレをすれば、筋肉は増えます。

「いまさら、筋トレなんて」と思わずに、今日からはじめてください。

Q 正しく筋トレできているか、自分で知る方法は？

A スマホに「筋肉観察フォルダ」を作る

筋トレ中に、鍛えた筋肉が張っていたり、少し熱くなっていたりすれば、目的の筋肉に効いている証拠です。

常に自分の身体の声をよく聞いて、観察してください。

また、あなたのスマホに、「筋肉観察フォルダ」を作ってみてはいかがでしょうか？

1週間に1度、自分の身体を撮っておきます。そして、1カ月分（4回分）たまったら、写真を並べて比べます。自分の筋肉の変化を確認してください。

ちゃんと筋トレできていれば、身体が変わっているはずです。

この方法は、格闘家の世界チャンピオンなどが行っている方法です。

それから、誰にとっても大事なエクササイズであるスクワットは、正しいフォームでするのが難しいトレーニングです。

かつて、僕は「クライアントの方たちに、簡単に正しいフォームを覚えてもらう方法はないものか」といろいろ考えました。そして、武道をヒントに、次のような方法を思いついたのです。

それは、「井谷式スクワットバー」（P14参照）に乗って、スクワットをする方法です。

スクワットバーに乗ってスクワットをした時、正しいフォームでできていないと、バーから落ちます。正しいフォームでできていれば、バーから落ちません。

スクワットバーがなくても大丈夫。バスタオルを細長く折りたたんで、代用してください。

Q 続けていた筋トレを3週間も休んでしまいました…

A 筋肉は、あなたを忘れません!

筋肉には、筋トレを記憶する機能「マッスルメモリー」があることがわかっています。

そのため、多少筋トレを休んで筋肉が減少しても、筋トレを再開するとすぐに戻ります。

多少のブランクなら、すぐに埋めることができるでしょう。

石井直方教授の研究室でも、次のような実験をしたそうです。

学生を2つのグループに分けて、トレーニングをしてもらいました。

①Aチーム　週3回のトレーニングを、24週間（6カ月）

②Bチーム　3週間のお休みを2回挟みながら、24週間のトレーニング

結果は、筋肉の成長具合は、2つのチームとも同じだったそうです。

つまり、筋トレを一時中断して筋肉が落ちたとしても、トレーニングを再開すれば、元の状況に戻しやすいのです。

ゼロから始めるよりも早く筋肉がつきますので、諦めずにまたトレーニングをはじめてください。

Q どんなトレーニングがいいのかわかりません

A 筋トレもシンプル・イズ・ベストが正解！

どんなトレーニングが、安全で効果があるトレーニングなのでしょうか？

トレーニング情報が氾濫する中で、僕自身も我流でトレーニングして、身体を痛めていた時期がありました。

トレーニングの本や雑誌を読めば読むほど、何を信じていいのかわからなくなり、とても悩んでいました。

トレーニング指導を仕事にしているのだから、「筋トレの最上級のことを学びたい」と、僕は渇望していたのです。

そんな折、東京大学大学院の筋肉研究の権威・石井直方教授と、プロ野球チームのストレングスコーチ高西文利氏に出会い、筋トレの真髄を学べる機会が訪れました。

石井教授と高西コーチは、学生時代、ボディビルを通して出会ったそうです。

二人は、以後40年以上、筋肉研究者と筋トレ指導者それぞれの立場で意見を交換し、筋トレを世の中に普及させるために尽力してきたレジェンドです。

石井直方教授に初めてお会いした時、僕は筋トレに関する全ての疑問を投げかけました。

すると、石井教授は僕のすべての質問に、一つひとつ丁寧に答えてくれました。

「筋肉には、まだまだわからないことがたくさんあります」という石井教授の言葉を聞いた時、僕は「筋肉のスペシャリストでも、まだわからないことがあるのか！」と、衝撃を受けました。

しかし同時に、筋肉の計り知れない可能性を感じました。

高西文利コーチは、プロ野球チームで長年、筋トレを指導しています。そのほかにも数々のプロスポーツ選手やオリンピック選手の指導実績があります。

ご自身が経営するジムでは子どもから高齢者まで一般の方たちにも、筋トレ指導を行っています。

高西コーチから教わった筋トレ種目は、簡単で老若男女誰にでもできるシンプルなものばかりでした。

なぜ、こんなにシンプルな筋トレなのか尋ねたら、このような返事が返ってきました。

「奇をてらった筋トレ種目は、怪我のリスクが高い」

目からウロコでした。

実際に高西コーチは、プロスポーツ選手やオリンピック選手にも、僕が教わったものと同じシンプルな筋トレを指導しています。

トップアスリートだからといって、想像もつかないような特別なトレーニングをしているわけではないのです。

そして僕は、高西コーチ自身が、実際に行っている筋トレを初めて見た時の感動を、今でも忘れません。

その動きは、とても60代の人の動きとは思えないほどしなやかで美しいトレーニングフォームでした。

科学的に裏付けのある筋トレを40年近く実践している指導者を目の当たりにし、このシンプルな筋トレこそが、誰もが生涯健康でいることができる唯一の筋トレなのだと確信しました。

Q 井谷式の筋トレは、何を大切にしているのですか？

A 科学的根拠があり、安全で効果があること

筋トレは「科学」です。僕は今ではこのことをよく理解したうえで、指導にあたっています。

石井直方教授は、石井理論である「生理学（人体の機能的な仕組み）・解剖学（人体の構造的な仕組み）・力学（物体の運動の仕組み）の3つの視点から、科学的根拠に基づいた適切な運動でなければ、効果は期待できない」と、常々おっしゃっています。

また、万人にとって正しい筋トレという考え方ではなく、「その人の今にとって何が正しいか」という見方がとても大切だということも、僕に教えてくれました。

僕は石井教授からたくさんのことを学んできましたが、「筋トレを提唱するうえで、3つの大切なこと」も石井教授の教えです。その3つの大切なことをお話しします。

1つ目は、「効果がある」こと。

つまり、筋肉を太くしたり、筋肉量を増やすトレーニングであることが、とても大事だということです。

2つ目は、「安全である」こと。

筋肉を太くするトレーニングであっても、怪我をするようなトレーニングであれば本末転倒です。そして、関節にとって無理無駄がないこと。関節の構造に素直なトレーニングをすることが大事です。

3つ目は、「無用なストレスがない」こと。

「無用なストレスがない」とは、必要のないキツさをできるだけ排除する、という意味です。つまり、筋肉を強く太くするという目的に対して、不必要なキツさをできるだけ排除して、狙った筋肉がしっかり鍛えられていることが大事なのです。

例えば、筋肉を鍛えている時、血圧がすごく上がるとか、全身がものすごくキツイなどの状態だと、身体の機能を使い果たすことになるので、長続きしないし、筋肉への刺激も少なくなります。

このシンプルで安全な筋トレに、僕自身が培ってきた武道の要素を組み合わせたものが、本書で紹介している「井谷式　4つの基礎トレ」です。これまでこの筋トレをたくさんの人々に指導してきて、驚くような結果を出してきました。

筋トレには、限りない可能性と夢があります。何歳から始めても、遅くはありません。始めた人から、人生が変わっていくのです。

CHAPTER 5

「心」と「身体」と「精神」を磨く！井谷式トレーニング

「知性を鍛える究極の筋トレ」をより効果的に！ Ⅰ呼吸法 Ⅱ操体法 Ⅲ４つの基礎トレ Ⅳストレッチ

極めてシンプルな筋トレに、僕自身が培ってきた武道のエッセンスを組み合わせたトレーニングが、本書の冒頭で紹介した「井谷式４つの基礎トレ」です。

これは、僕の師匠である東京大学の石井直方教授が提唱する理論がベースになっています。「生理」「解剖学」「力学」の3つの視点から考えた、科学的根拠があり、しかも安全で効果がある〝知性を鍛える究極の筋トレ〟です。

この筋トレをより効果あるものとするために、通常、僕は次の流れでトレーニングをしています。

まずは、Ⅰ「呼吸法」で精神を整えます。

武道では、身体を動かす前に必ず黙想して呼吸を整え、気持ちを冷静にした状態で稽古します。精神が整っていない状態で稽古したり試合したりすれば、集中力を保つことができず、怪我のリスクが高まります。

次に、Ⅱ「操体法」で、どんな人にもある身体の歪みを修正・調整し、しっかりと身体を動かせる状態を作ります。

操体法は、動きやすいほうへ身体を動かすことで、身体の歪みを修正する方法。いきなり筋トレをすると、身体の歪みのせいで怪我に繋がる可能性もあります。

そして、Ⅲ「井谷式 4つの基礎トレ」を行います。

最後に、Ⅳ「ストレッチ」で筋肉を伸ばします。

筋トレで負荷をかけパンパンに張った状態の筋肉をストレッチで伸ばすと、血流が良くなり疲労が回復します。ストレッチは、リラックス効果や腰痛・肩こり改善、姿勢改善などの効果も期待できます。

筋トレは、身体を強くするためのものであり、競技としてのスポーツの力を高めるためのものです。ですから、筋トレで怪我をするのは本末転倒、あってはならないことです。

効果を最大限引き出すためにも、Ⅰ呼吸法 ⇓ Ⅱ操体法 ⇓ Ⅲ4つの基礎トレ ⇓ Ⅳストレッチの順番でトレーニングすることをおすすめします。

井谷式トレーニングの流れ

〈トレーニング前〉

Ⅰ 呼吸法

Ⅱ 操体法

〈トレーニング〉

Ⅲ 井谷式
4つの基礎トレ

〈トレーニング後〉

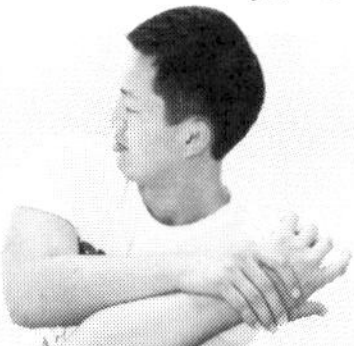

Ⅳ ストレッチ

I〈トレーニング前〉

呼吸法

腹式呼吸には、「精神安定」「脳の活性化」「血圧の安定」など様々な効果があります。腹式呼吸をしていると、脳波がリラックスした状態、α波やθ波の状態になります。

呼吸のしかた

①あぐらをかき、手を足首の上で写真のように組み、目を閉じる
②心の中でイチ、ニと2カウント数えながら、
お腹を膨らませて鼻から息を吸う
③イチ、ニ、サン、シと4カウント、息を止める
④同様に4カウント数えながら、「フゥー」と息を口と鼻から吐き出す。
これを2分以上続けます。最後まで息を吐き切ることにより、
自然に吸う動作に移ることができるようになる

手のひらを両ひざの上におく形でもOK!

自分にしっくりくる体勢を見つけましょう

まずは、
心を整えよう!

Ⅱ〈トレーニング前〉

操体法

腰、首、股関節などの歪みを整えましょう。腰や首を前後左右に倒して、倒しやすい方向を見つけます。そして、倒しやすい方向へ10回倒します。すると、不思議なことに、倒しにくかったほうも倒しやすくなります。

腰の前後の調整をする操体法

Q 前と後ろ、どっちが倒しやすい?

① まっすぐ立つ

② 息を吐きながら上体を前に倒す

③ 息を吐きながら上体を後ろに倒す

A 息を吐きながら倒しやすいほうへ10回倒す

調整完了!
倒しやすいほうへ10回倒すと、倒れにくかったほうも倒れやすくなる

腰の左右の調整をする操体法

Q 左と右、
どっちが倒しやすい？

①
両ひざを立ててねる

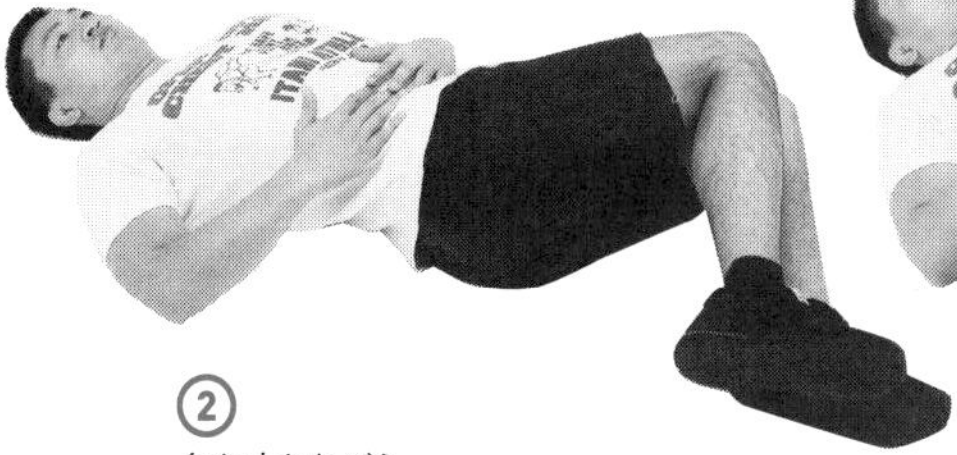

②
息を吐きながら
両ひざを左に倒す

③
息を吐きながら
両ひざを右に倒す

A 息を吐きながら
倒しやすいほうへ
10回倒す

調整完了！

倒しやすいほうへ10回倒すと、
倒れにくかったほうも
倒れやすくなる

股関節の調整をする
操体法

Q 右と左、
どっちが上げやすい？

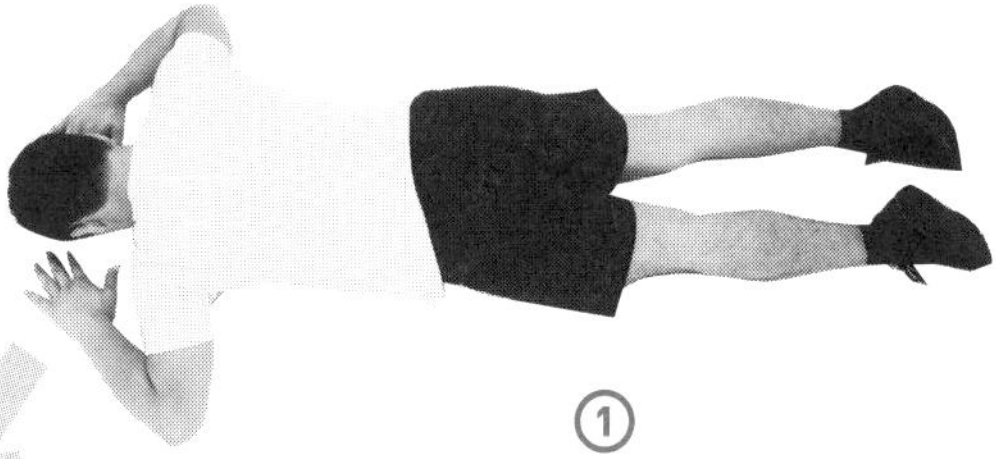

①
うつぶせにねる

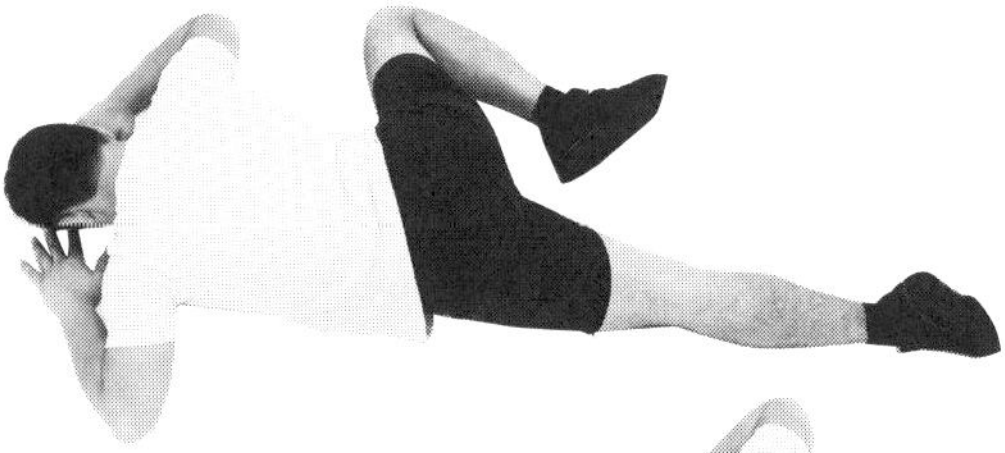

②
息を吐きながら
右ひざを
上がるところまで上げる

③
息を吐きながら
左ひざを
上がるところまで上げる

A 息を吐きながら
上げやすいほうの足を
10回上げる

調整完了！
上げやすいほうの足を10回上げると、
上げにくかったほうの足も
上がりやすくなる

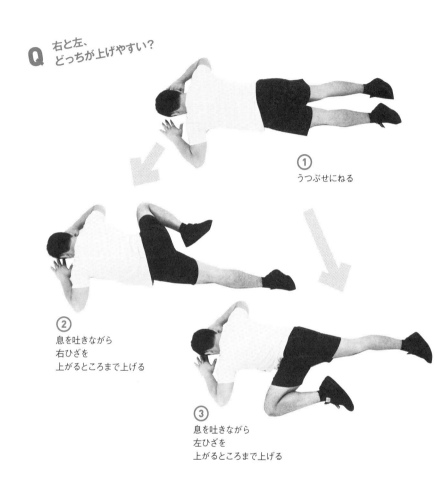

首の調整をする操体法

［左右］

Q 右と左、どっちが向きやすい？

① まっすぐに立つ

② 息を吐きながら右を向く

③ 息を吐きながら左を向く

A 息を吐きながら向きやすいほうへ10回向く

調整完了！

向きやすいほうへ 10 回向くと、向きずらかったほうも向きやすくなる

［前後］

Q 前と後ろ、どっちが倒しやすい？

① まっすぐに立つ

② 息を吐きながら首を前に倒す

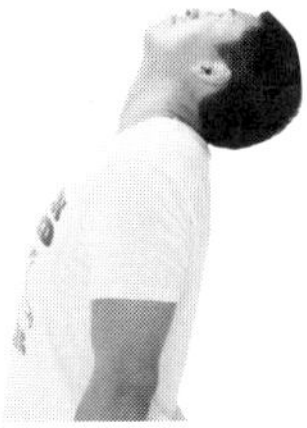

③ 息を吐きながら首を後ろに倒す

A 息を吐きながら倒しやすいほうへ10回倒す

調整完了！

倒しやすいほうへ10回倒すと、倒れにくかったほうも倒れやすくなる

井谷式 4つの基礎トレ

「井谷式 4つの基礎トレ」は、科学的エビデンスに基づいた安全で効果のある〝筋トレ〟です。トップアスリートも実践する4つのシンプルなメニューでトレーニングをして、あなたも筋肉質な身体と最強のメンタルを手に入れてください！

1 スクワット（脚）

足腰はもちろん、
全身を強化する最強の
トレーニングです！

「厚い胸板」を作り、
「肩こり改善」も
期待できます！

2 プッシュアップ（胸）

3 ベントオーバーロー（背中）

「姿勢改善」や
「腰痛予防」には、
この筋トレが最適です！

悩んでいる方が多い
「ウエストの引き締め」
に効きます！

4 ニートゥチェスト（腹）

★「井谷式 4つの基礎トレ」の詳細は
巻頭のトレーニングページを参照ください（9～32ページ）

ストレッチ

1970年代アメリカで、柔軟性を高める運動として開発されたストレッチ。トレーニングが終わったら、ストレッチで筋肉を伸ばして疲労回復を。リラックス効果や、腰痛・肩こり予防、姿勢改善などにも効果があります。

腰痛・姿勢改善
腰まわりのストレッチ

① 仰向けにねる

② 右ひざを曲げて左に倒し、右ひざに左手をそえる

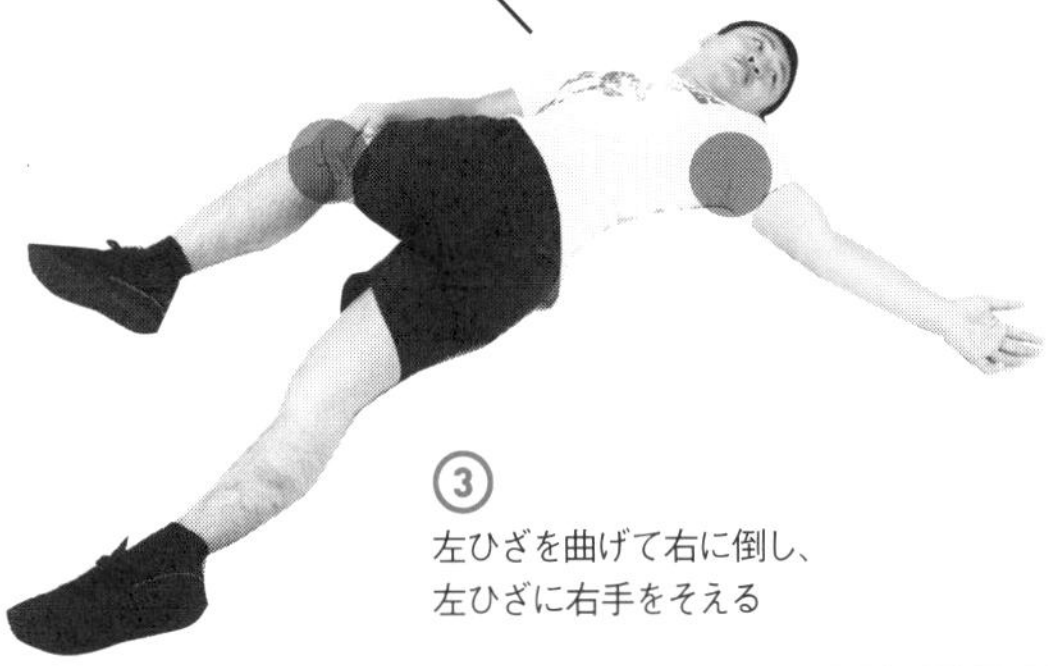

③ 左ひざを曲げて右に倒し、左ひざに右手をそえる

なるべく肩が床から離れないように！

腰痛(坐骨神経痛)改善
お尻のストレッチ

30秒
キープ!

POINT
背筋をまっすぐに！

①
右足を直角に曲げ、
左足首を右ひざの上に置く。
正面を向き、両手を床につく

30秒
キープ!

②
左足を直角に曲げ、
右足首を右ひざの上に置く。
正面を向き、両手を床につく

痛いときほど、
しっかりと息を
吐き出すこと！

肩こり・姿勢改善
肩と背中のストレッチ

イスの背もたれに両手をかけて、
背中が床と平行になるように両腕をのばし、肩を入れる

背骨がゆるむようなイメージで
力を抜いて息を吐き出すように!

肩こり・50肩改善
首まわりのストレッチ

30秒
キープ!

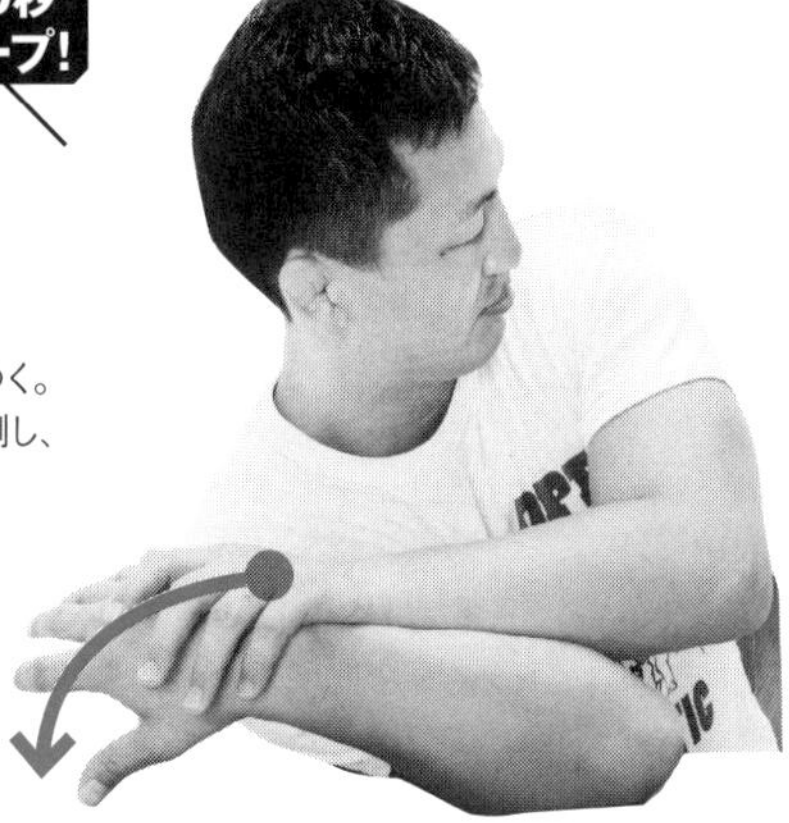

①
机の前に座り、
身体の正面で右ひじをつく。
左手で右手を持ち右へ倒し、
顔を左に向ける

30秒
キープ!

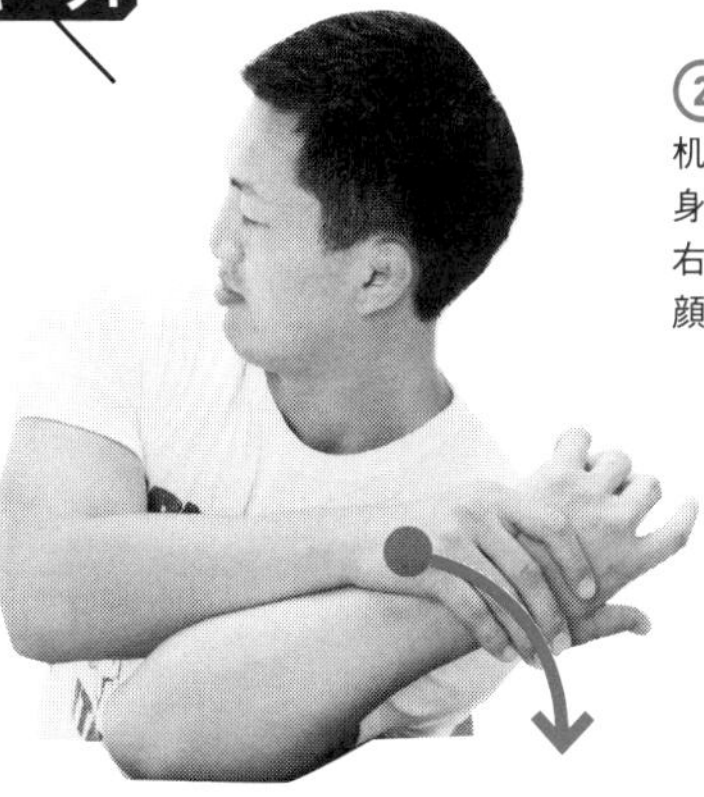

②
机の前に座り、
身体の正面で左ひじをつく。
右手で左手を持ち左へ倒し、
顔を右に向ける

腕を倒す角度によって
かたいところがある場合、
そこを重点的に!

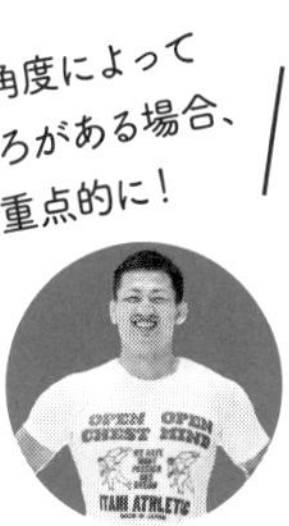

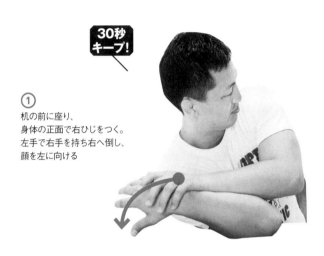

井谷式

筋トレの心得

★ ふるえるまでやる

★ きつくなってからがおいしい

★ ツラい時ほど笑顔で

★ 鍛える門には福来る

★ 途中でやめたら人生大損

CHAPTER 6
「筋トレ」で最高の人生を手に入れよう!
― 井谷式「4つの基礎トレ」実践者の声

Experiential Words

01

UFC王者〝マックス・ホロウェイ〟のモチベーションをキープする考え方とは？

マックス・ホロウェイ　28歳　格闘家（第4代UFCフェザー級世界王者）

僕が住んでいるハワイではとにかく喧嘩が多い。「自分を守れるように強くなろう」というのが、筋トレを始めたきっかけだ。筋トレをして強くなれば、自分はもちろん、自分の大切な人も守れる――。

筋トレすることで、外見も中身も若々しくなることは事実だと思う。筋トレすると見た目が良くなる。見た目が良くなったら、いい気分になり、いい顔になる。

僕の目標は、ギリシャ神話の神々のような身体と精神を持つこと。そうできたら、人生がより楽しくなるだろうなと真剣に思っている。

世界王者を奪還するために、筋トレはより重要なものとなっている。

現在、週3〜4回、筋トレの時間を設けている。読者の皆さんとは負荷はかなり違うと思うけれど、井谷がこの本で紹介しているシンプルな4つの筋トレを実践しているよ。

筋トレは、シンプル・イズ・ベストだ！

人は誰でも目標がないと何事も続かない。目標を紙に書いて、いつでも見えるところに貼っておくことをおすすめするよ。

以前の僕は、目標（世界チャンピオン）を紙に書き、壁に貼って、それを毎日声に出して読んでいた。今は「息子のラッシュのため」という強い意志があるので、紙に書かなくても大丈夫になったが。

はじめは、簡単なことでいい。2キロ体重を減らす、増やす。そんな目標をまずは作ることが大切だ。

僕自身は、もともと強い心を持っていたわけではなく、負けず嫌いの性格が心を強くしたと思っている。子どもの頃から負けず嫌いで、日常生活の中でも「一番先に外に出た人」「一番先に目的地に着いた人」がナンバー1!! という競争を常にしていた。

例えば、ウサイン・ボルトと100m走のレースをして、10回中10回負けても、間違いなくまた次の日「今日もレースしようぜ!」とボルトに挑む。僕はたとえ0・01秒でも少しずつ差を縮めていこうとするだろう。

井谷も僕と同じ、負けず嫌いの強い心を持っている。井谷は、自分がわからないことがあったら、その分野のスペシャリストを訪ねて何がなんでも教えてもらう。そんな行動力があるから、井谷は強い。

僕たちのチームの人間はみんな似ている。だから、濃厚な時間を一緒に過ごせるのだと思っている。

僕には飛びぬけたセンスも身体能力もなかった。けれど、努力でここまでこれた。そのことを多くの人に伝えたい。僕ができたのだから、君にもできるということをたくさんの人に伝えたい。

すべての人に、この地球に生まれてきた使命があるのだから。

アメリカでは自分自身を守れない者は成功できない！

中川マイケル　29歳　格闘家（ディスティニー世界王者）

幼少期を日本で過ごした僕は、10歳でハワイに移住した。当時の僕は、痩せていてひょろひょろで、同級生は僕よりひとまわりもふたまわりも大きかった。いじめられてはいなかったけど、小さくて痩せているということで、格下に見られていたと思う。

しばらくして、日本人の格闘家、山本ＫＩＤさんらが活躍するようになった。外国人の格闘家に勝利していたんだ。ハワイの人々は格闘技が好きなので、活躍している格闘家が日本人ということで、同じ日本人の僕をリスペクトしてくれるようになった。

ハワイでは、リスペクトされていないと舐《な》められてすぐにやられてしまう。日本人の格闘家が活躍してくれたおかげで、僕はとても救われた。

そして、僕もそういう存在になりたいと思い、格闘家の道を選んだ。

筋トレは、僕にとってとても大事なものだ。

身体を支えているのは筋肉なので、筋肉を鍛えることはとても重要。さらに、筋トレは気持ちを前向きにしてくれる。ルックスも良くしてくれるし、正しいフォームできちんと続けていれば、確実に成果が自分に返ってくる。

これまで、筋トレをやめてプチうつになった人をたくさん見てきた。少なくとも筋トレをしている時は、悩みから解放される。科学的なことは詳しくはわからないけれど、精神的な部分でも筋トレは効果があると思っている。

今、トレーニングの中で、週2〜3回筋トレをしている。井谷式のシンプルな筋トレだ。

実は、僕は井谷に会うまで、スクワットが正しいフォームでできていなかった。男には重いものを持ち上げるプライドがあるから、負荷にこだわっていた。でもその結果、正しいフォームで筋トレができていなくて怪我につながっていて、筋トレが好きじゃなくなっていた。

ところが、井谷の指導で、フリーウエイトでスクワットなどを正しいフォームですることを徹底したら、身体がとても良くなったし、筋トレがまた好きになった。

ある意味、筋トレは人生そのものだと思う。筋トレを本気でしている人は、ビジネスでも成功できるだろう。目標も明確で、自分が努力したら結果が出る。このことをシンプルに味わえるのが筋トレ。筋トレを続けられたら、他の分野でも確実に結果が出せるはずだ。

さらに言うなら、アメリカ本土でビジネスするとしたら、武道や格闘技で自分自身を守れないと成功できない。それくらいアメリカでは身体が強いことが大事なんだ。

もともと僕は、心が弱いほうだった。今、強くしている途中かな（笑）。子供の頃の僕のような心の弱い人に勇気を与えるために、変わってもらうために、僕は格闘技をしている。そして、将来的には日米の関係性をより良くするために、役に立ちたいと思っている。

Experiential Words 03

基礎代謝を上げ脂肪を燃焼させる「筋トレ」は最強のダイエット法

黄瀬徳彦さん　51歳　家具屋TRUCKオーナー〈筋トレ歴4年〉

4年間の武ちゃんとのトレーニングで学んだことはすごくシンプル。そして、それはみんなに知ってもらいたい身体と筋肉の基本だと思う。

・正しくトレーニングすれば誰でも筋肉は増やせる
・トレーニング後にタンパク質と炭水化物を摂る
・筋肉が増えると脂肪を燃焼しやすくなる

40代半ばを過ぎて、武ちゃんとの出会いで始めたトレーニング。別にムキムキになりたいと思ったわけではなかった。

高校生の時に雑誌ターザンを見ながら家でダンベルを持ち挙げていたことはあったけど、まともにトレーニングをしたのは初めてだった。

それが、おしゃべり武ちゃんの明るい性格、研ぎ澄まされた鋭い観察力、やる気にさせる言葉選び、褒め上手、武ちゃん自身が何度も大きな怪我を乗り越えてきたその経験、そして何より、おもろいくらいの筋肉ラブ。それらによって週2回、各約3時間のトレーニングが自然と日常に組み込まれた。

僕が始めた1カ月後には、妻、裕美が生まれてこの方スポーツとは縁のない人生だったのに武ちゃんトレーニングを始めた。

そして、夫婦揃ってどっぷりと武ちゃんの筋肉ワールドに浸かることになっていく。

とにかく、筋肉がいかに大事かという話をたくさん聞いた。

筋肉が多いと基礎体温も上がり免疫力が増すし怪我をしても治るのが早い、平均寿命が長くなっても筋肉がないと健康寿命が伸びない、高齢者が何より欲しいものは太腿の筋肉、お金、時間がいくらあっても身体がついてこないと遊べない……などなど。

そして、トレーニングによってある意味傷つけた筋肉にはタンパク質を入れてあげる。それによって修復と共に筋肉が増える。そのために毎回トレーニング後に近所の食堂でしゃけ、納豆、卵、などを食べた。すくすくと筋肉は育った。

武ちゃんは焼肉にいく前にはちょっとした時間でも何らかの筋トレをしてくる。そうしないとせっかく食べる肉がもったいないと言う。しっかりと栄養が筋トレ後の筋肉に入ってくれるらしい。

ちょっと脇腹がプヨついたって思うとプールに泳ぎに行く回数を増やす。筋肉が増えたおかげで、数日続けて泳げばプヨつきはなくなる。わかりやすい。

巷にはあらゆるダイエット本やプログラムが溢れかえっている。でも実はいたってシンプル、基本の筋肉を付ければ代謝がよくなり、変な食事制限もなく、楽しく食べて引き締まった身体を手に入れて維持できる!!

何歳からでも、身体の変化を実感できる！

唐津裕美さん　52歳　家具屋ＴＲＵＣＫオーナー〈筋トレ歴４年〉

40代後半、もともと体力には自信があったけど、夜になると足がだるくて階段を登って2階へ行くのがしんどい状態でした。自宅と店舗がすぐ隣にあり通勤がなかったので運動不足だったと思います。

夫がすでに筋トレを始めていたこともあり、私もトレーニングを始めることにしました。

変化はすぐに感じることができました。

約１５０分のトレーニングを週2回のペースで始めて1カ月ぐらいたった頃のこと。毎週送迎している娘の英語学校の教室は4階にあり、トレーニングを始める前は階段がきつかったのですが、気がついたら「あれ？もう4階？」というくらいラクに上がれるようになってびっくり。

また、筋トレの初日に武ちゃんに「あと４kg増やしましょう」と言われたのですが、私は食べても太らない体質で出産を経ても学生の頃から体重がほとんど変わらなかったので、増やすのはなかなか難しいだろうと思っていました。

ところがトレーニング終了後20分以内にしっかりたんぱく質と炭水化物、補食にはゆで卵やバナナなどを摂るようにしていたら、たった3カ月ほどで本当に４kg増えました。

正しいフォームでの基本トレーニングに加え、食事もちゃんと意識することで効果的に筋肉がついたんです。

このように、わかりやすく身体の変化を実感した私はすっかり筋トレにはまったわけです。

私は48歳で筋トレを始めたんですが、20代や30代で始めても続かなかったと思います。体力が落ちてきたのを感じる年齢だったからこそ、真剣に取り組めたと思います。

今、52歳ですが、20代の時よりスタイルに自信があるし姿勢も良くなりました。


武ちゃんと出会って変わったのは、もちろん身体。もうひとつは意識。

トレーニングを続けて4年が経った頃、今まで特にスポーツ大好き人間でもなかったこの私がなんと自分のジムが欲しいと思うようになりました。それには夫をはじめ周りのみんなが驚きました。

そして、とうとうスタッフも私の両親も一緒に筋トレができるジムをTRUCKの敷地内に作ってしまいました。これは自分でも一番すごい変化？いや、進化だと思います。


筋トレの大切さを知ったことはこれからの私の人生の宝物。武ちゃんに感謝！です。

筋肉と血糖を制する者は、エイジングを制する！

池岡清光さん　64歳　医療法人池岡診療所理事長、総合内科専門医、抗加齢医学会専門医・評議員〈筋トレ歴7年〉

還暦前に股関節の病気になり、とても歩きにくくなりました。様子を見ていたのですが、「手術の前に筋肉を鍛えたほうがいい」と友人の医師にアドバイスされ、筋トレを始めました。

筋トレを始めて半年くらいで、明らかに脚に筋肉がついてきたのがわかりました。上半身にも筋肉がつき、周りの人たちから「身体が大きくなったね」と言われるようになりました。

トレーニングを始めた頃は「早く終わらせたいな」としんどい思いをしながらやっていました。しかし、続けるうちにメンタルも変わってきたことに気がつきました。

筋トレした後は気持ちがハイになり、気分がいい。そして、筋トレすると前向きで強い気持ちになれることにも気がつきました。結果、筋トレをしないと気持ち悪いと思うようになりました。

食事は、たんぱく質を多く摂るように心がけています。

筋トレしてもお腹周りが改善しない場合は、糖質を少し控えると効果があります。「筋肉と血糖を制する者は、エイジングを制する」というのが私の考えたスローガンです。

血糖のコントロールをして筋肉をつけて維持していたら、老けずに実年齢より若くいられます。

昨今、私のクリニックにもサルコペニアの患者さんがとても増えています。筋肉は身体の大切な臓器だという認識を持って、ある程度の年齢から筋肉をつけることを意識することが重要だと思います。

操体法と筋トレの組み合わせで、身体の機能が回復！

中川正清さん　82歳　医師〈筋トレ歴4年〉

6年前、肝臓癌と前立腺癌を患い、1カ月半の寝たきり生活で、足腰が立たなくなり歩けなくなりました。

最初はリハビリをしていたのですが、あまり効果がなく、「もしかしたら歩けなくなる病気に罹ったのでは？」と思い知人の医師に診察していただきました。

しかし、歩けなくなった原因は筋肉量の低下だと判明し、筋トレを始めることになりました。

始めた当初は、週2回各90分のトレーニングをしていました。最初に操体法をしっかりやって、身体のバランスを整えてから、スクワットなどをしています。

運動経験がなく、筋トレにはまったく興味がなかった私でも、少しずつ快方に向かっているような感覚もあり、徐々にトレーニングが楽しくなりました。

立つのもままならなかったのですが、トレーニングを始めて1年くらいしたら「良くなってるな」と実感できるようになりました。

おかげさまで、今では自力で歩けるようになり、散歩もできるようになりました。夫婦で温泉旅行に行けるようにもなりました。

歳をとると当然ながら、身体は衰えます。井谷式のトレーニングは身体の機能を維持・回復するのに最も適していると思います。

筋トレをやめたら、自分はまた歩けなくなってしまうと思うので、これからも続けたいと思っています。

筋トレは「心に栄養を送るための運動」

田中晶子さん　30歳　会社員〈筋トレ歴6年〉

現在60代の両親が、6年前から井谷さんに筋トレ指導をしていただいています。

私は筋トレは自分とは無縁のものだと思っていましたが、ガリガリだった母も健康に無頓着だった父も、程よく筋肉がついていい身体になり、特に寡黙だった父が明るく前向きな性格になったことで、筋トレに興味を持ちました。

そして、両親よりずっと若い私がボヨンとした身体なのはまずいな、と……。それで私も、筋トレをすることにしました。

今は育休中なので、家で朝晩、スクワット20回×2セット、お腹に効くニートゥチェストを10回×3セット程度をしています。コツコツやっていると、ジーンズをはいた時などに、徐々に効果が出てきているのを感じますね。それから、子供を抱いた時の姿勢が良くなったと思います。

私は身体の変化より心の変化のために、筋トレをしています。トレーニング中は何も考えられないからこそ頭が一度リセットされ、トレーニング後にはポジティブで前向きに物事に向き合えるようになるのが、いつも不思議です。

出産後は、授乳などであまり動くことができず、ネガティブになっていたのですが、筋トレで身体を動かすようにしたら、プラス思考になれて頭の回転も良くなった気がします。

筋トレは、私にとって、「心に栄養を送るための運動」です。

筋トレを続けるために最も良い方法は、実際に筋トレしている人と定期的に会うのが効果的だと思います。トレーニングしている人は、素敵な身体をしているので憧れます。だから、自分も頑張ろうと思えますから。

Experiential Words
08

筋トレは、僕にとって歯磨きのようなもの

的場久剛さん　39歳　灘中学校・灘高校教諭〈2019年兵庫県クラス別ボディビル選手権65kg級優勝〉

約6年半前に、灘校の校舎が改装され、新しいトレーニングルームができたので、久しぶりにトレーニングしたのが、本格的に筋トレを始めたきっかけです。

当時は、自己流でトレーニングしていたので、鍛えたい対象となる筋肉に正しい負荷がちゃんとかかっているのかどうか、正しいフォームでできているのかどうか、よくわからずにやっていました。試行錯誤していたところ、京都大学柔道部の指導をしていた井谷さんと出会いました。「すごい身体の人がいるなー」と思っていたら、トレーナーをしているというので、「ぜひ筋トレを教えてほしい」とお願いして、正しい知識とトレーニング方法を教えていただきました。

2016年の夏、体育学者でスポーツトレーナーの岡田隆さんが全日本のボディビルの大会で優勝しているのですが、実は岡田さんは私の先輩です。その岡田さんに「ボディビルをやらないか」と誘われ、やることにしました。大会前は、週5～6回トレーニングしていました。

筋肉を効果的につける食事法としては、意識してたんぱく質を多めに摂取しています。むやみに何でも食べると太りますから、カロリー計算をしています。それから、良くない油は極力摂取しないようにしています。

トレーニングを続けるコツは、やると決めたら、やる！　しんどくても、身体を動かしてみる！　これに尽きます。

僕にとってトレーニングは、歯磨きのようなもの。しなかったら、気持ち悪いです（笑）。

筋トレで、息子二人が灘中に合格！

T・Nさん　63歳　会社経営〈筋トレ歴3年〉長男　Tくん　14歳〈灘中学校2年〉次男　Mくん　13歳〈灘中学校1年〉

私の母親がリハビリが必要になり、友人から筋肉の重要さや、筋肉を増やすためには筋トレしかないことを教えられ、井谷さんを紹介されました。最初、私は筋肉が重要だなんてとても信じられずにいましたが、井谷さんの話を何度も聞くうちに、筋肉の重要さがよくわかってきました。

今度は我が家のやんちゃな息子たち二人を井谷さんに見てもらうことにしました。息子たちが、小学校2年と3年の頃だったと思います。

やんちゃな息子たちでしたが、井谷さんとの師弟関係がとても良かったと思います。井谷さんの指導は、筋トレももちろんありましたが、走ったり、いろいろな要素が詰まっていました。

息子たちは、時には泣き、笑いの連続でしたが、回数を重ねるごとに自立心が芽生え、集中力がつき、素直になっていきました。

井谷さんは武道家でもありますから、武道の精神も息子たちに教えてくれて、姿勢も良くなり、目上の人に対するマナーも身についたと思います。

井谷さんは、テーマの与え方や褒め方も上手。息子たちは飽きることなく、井谷さんのトレーニングを楽しみにしていましたね。

我が家では、受験はまったく考えていなかったのですが、井谷さんが「灘中に行け」「子供の可能性は無限大」と繰り返し言うので、私たち親も息子もだんだんその気になり、灘を受験することにしました。

その結果、二人とも合格することができたのは、井谷式トレーニングのおかげかもしれません。

「筋トレ対談」

47歳まで現役のプロ野球選手として活躍。アメリカと日本でトレーニングについての研究・検証を重ねている工藤公康さん（プロ野球監督）にお話を伺いました――。

工藤公康×井谷武

「脳を活性化させるためには筋トレが一番！」

くどう・きみやす◉1963年愛知県生まれ。元プロ野球選手（投手）で現プロ野球監督。現役時代は14度のリーグ優勝、11度の日本一を経験。3つの球団で日本シリーズを制覇、優勝請負人と呼ばれる。日本シリーズ通算最多奪三振（102奪三振）記録を保持する。

筋トレで強くなった筋肉が、関節や身体を守ってくれる

井谷　現役時代は、どんな筋トレをしていましたか？

工藤　プロになった初期（20代前半～後半ぐらい）と、中期（30代前半～後半）と、ベテラン（40歳以降）になった時で、それぞれ違う筋トレをしていましたね。

井谷　それぞれの時期にしていた具体的なトレーニングを教えてください。

工藤　初期は、今のようにトレーニングコーチやコンディショニングコーチがつくことはなかったので、ひたすら基本的な筋トレをやっていました。スクワット、ベンチプレス、デッドリフト、アームカールなど、そういうもの全部。「とりあえず鍛えればいいだろう」ということで。先輩に負けないようにひたすら重いものを挙げる筋トレをしていましたね。僕はベンチプレスだと１１０～１３０キロくらいは普通に挙げていました。チームの中では５本の指に入っていたと思います（笑）。

井谷　それは、すごい！　それが若い頃の筋トレなんですね。では、中期はどんな筋トレをしていたんですか？

工藤　中期になった時には、「先発して完投する」ということを考えていたので、ある程度の負荷をかけた筋トレをやるようになりました。１イニングの最大の投球

数は30球前後なので、30回を3セット、4セット、5セットとやるようにしていましたね。しかし、この頃自分だけでやるトレーニングに限界を感じ始めていました。

そんな時、筑波大学の先生と出会って、ドイツの「アウフバウ」（股関節を鍛えるトレーニング方法）体幹トレーニングのもとになっているトレーニングを僕が実験台になって、冬の間ずっとそれをやりながら、筋トレもしていました。出し切るトレーニングでしたね。

井谷　当時の最新のトレーニングですね。ベテランになってからの後期はどんな筋トレをしていたんですか？

工藤　その頃になると、維持することだけを考えていたので、重い重量を挙げるような筋トレはしませんでした。でも、自分の中では「最低限」というのがあって、ベンチプレスなら自分の体重、デットリフトなら自分の体重の倍は挙げる。この辺を基準に維持する筋トレをしていました。

井谷　公康さんが長い間いろんなトレーニングをしてきた中で、筋トレはどのような位置づけでしたか？

工藤　パワーを引き出すというよりも、**筋トレすることで大きくなった筋肉が関節を守ってくれる**、身体を守ってくれるという意識のほうが強かったですね。僕らピッチャーは、筋トレをして単純に腕を太くすればいいっていうものではありません。150キロ以上のボールを投げるので、肩に筋力がなければ持たないんです。

だから、腕を太くするよりもとにかく関節が負けないように、耐えられるように。これを意識してトレーニングしていましたね。

「寝る前または朝起きたら、これだけはやる」というルーティンを作る

井谷　公康さんが現役選手を47歳まで続けられた理由はなんだと思いますか？

工藤　いちばんは、トレーニングできる環境と内容かな。そして、出会った人たち。トレーニングをして、筋力の測定をしてMRIもしっかりとって、これを積み重ねていくと、毎年毎年心肺機能も上がるし、筋肉も大きくなるんです。

もちろん、選手時代には怪我もしたんですよ。でもやり続けていると、若い子たちに負けないんです。僕は45歳を過ぎて西武に行き、その前は横浜に行きましたけど、短距離は若い選手たちに負けなかった。

井谷　かっこよすぎますね！　僕もそれを目指したいです。トレーニングを続けるコツをアドバイスお願いします。

工藤　現役の時は不安との戦いでした。トレーニングをしなかったら、自分のパフ

ォーマンスが落ちる。つまり、プロ野球の世界で生きて行けなくなってしまう。シーズン中は先発としてちゃんと投げることができるのか、オフは来年ちゃんと投げられるのか。このような不安があるから、トレーニングを続けていました。

もちろん、休息も必要です。だから、3日間トレーニングしたら1日休む。「よし、今日頑張れば明日は休みだ!」って考えると頑張れる。井谷さんはどうですか?続けるコツ。

井谷　僕は「前日の自分に負けたくない」というのがあって、常に成長していたいという気持ちがとても強いんです。僕はもともと虚弱体質ですごく弱かったから、自分がどこまで成長できるのか見てみたいという気持ちで筋トレを続けています。

工藤　例えば、寝る前にスクワットだけはやる、朝起きたら腕立てだけはやる、というような**ルーティンを決めると続くし、自然にやりたくなる**と思うんですね。

僕は毎日、夜ご飯を食べてから何を考えるかというと、明日の朝のトレーニングのこと。明日の朝は何時に出かけないといけないから、何時に起きてまずは走る、というところから明日の自分の1日のスケジュールを立てます。それを崩そうと思っても、もう崩れないんですよね。

将来を考えたら、筋トレは絶対にやらなければいけないこと

井谷　トレーニングした後の精神的な変化を感じることはありますか？

工藤　トレーニングした後の気持ちよさや充実感はありますよね。現役を引退してすぐの頃は、自分の身体には毒がたくさん溜まっているんじゃないかと感じていました。でも今は毎日走っているので、体質が変わってきたように感じます。

井谷　なぜ、走るというトレーニングなんですか？

工藤　心肺機能のことも多少はあるんですけれども、自分の身体の代謝能力を落とさないようにというのが大きいです。キャンプやシーズン中の練習時、僕も投げることがあるので。

井谷　公康さんは、現役時代かなり筋トレをしていて、ここ最近はしていなかったけど、また筋トレを本格的に始めるそうですね。また筋トレを始めようと思った理由はなんですか？

工藤　本音を言うと、だいぶ筋肉が落ちてしまったからです。「その腕は何？　細くなっちゃったわね～」なんて娘にも言われるんですよ（笑）。

井谷　**走るという有酸素運動にも良い点はたくさんありますが、筋肉をつけるには**

やはり筋トレしかありません。

工藤　そうですね。僕は現役時代、逆三角形で腹筋は割れていて、ブルース・リーのような身体をしていたんです。それくらい筋トレを頑張っていたんですが、今は自分の身体を見るのが嫌になっているので、そろそろ始めようかなと。

身体を守ってくれるという意味でも、筋肉があるのとないのとでは、まったく違いますよね。僕たちの職業は怪我も病気もできないので、今後の自分のことをしっかり考えたら、筋トレは必須です。

井谷　やはり筋トレの凄さを感じますか？

工藤　**人生100年時代ですから、筋トレは絶対にやらなきゃいけないことだと思っています。筋肉がなくなったら、立つことができなくなるわけじゃないですか。そして、筋肉がないことで間違いなく関節を痛めます。関節を痛めると歩けないし走れない。**

さらに、筋肉が脳の働きにも影響しているということは、以前から感じていました。筋肉を動かすことによって、成長ホルモンが分泌されているとしたら、トレーニングすればするほど若さや強さや健康を維持できるということになりますよね。

筋トレすると、自信が湧いてきていい気分に。脳も活性化する！

井谷　**僕は昔から、筋トレをすると自信がみなぎってくるんです。前向きになれるし、いい気持ちにさせてくれるホルモンが出ていると実感できます。**実は、僕は筋トレをしながら大学受験の勉強をしていました。

工藤　筋トレをしながら勉強を？

井谷　はい、そうです。勉強していて解けない問題にぶつかると、腕立てして汗だくになって、また問題に向き合う。すると解き方がぱっとひらめいたりするんです。

工藤　もっと早くに教えてほしかったな（笑）。そう言えば以前、運動してから勉強したほうが、脳が活性化されていい、というテレビ番組を見た記憶があります。

井谷　アメリカでは、体育の授業を朝に行うカリキュラムにしている小学校が

増えているそうです。

工藤　今の子どもたちは運動しなくなったから、しっかりとした研究の成果としてこのようなことを実践できたら、とても良いと思いますね。

スポーツの科学やトレーニングは、アメリカが進んでいると言われていますが、本当にアメリカが正しいのか、検証したいと思っています。

論文やエビデンスはアメリカのほうが確かに多くて、日本はあまりそういった研究をしていない。

何もかもアメリカが正しいという考え方ではなく、日本人に合ったトレーニングの仕方をはじめ、いろいろなことを研究・検証したいと思っています。

とにかく知りたい。知らないっていうのが嫌なんです。

井谷　僕も知りたいです！　トレーニング情報が溢れている今、アメリカが世界で最もスポーツの分野がすごいと言われていますが、何が本当にすごいのか。興味津々でワクワクしますね。

〈了〉

柔道の試合で、脚に大怪我をして、
3人の医師に「一生走れない」と宣告された時も、

首の骨を骨折して、
死んでもおかしくない重症を負った時も、

ハワイで財布を盗まれた時も、
僕を救ってくれたのは、筋トレだった。

筋トレで自分を鍛えることで、僕は、
弱い自分と真っ向から向き合い、
弱さをひとつずつ克服してきた。

僕には何もないが、
筋トレで自分を磨いているという自信だけはある。

だから、
世界の優秀なビジネスエリートや著名人と会っても、
平常心でいられる。
どんなに困難な状況に陥っても、不動心でいられる。

僕は今、アメリカ・スミソニアン博物館の研究員になり、
日本の武道と文武両道の精神を伝えるミッションを得た。
筋トレが、小心者の僕を変え、知性までも磨いてくれたと思う。

筋トレが僕の人生を格上げしてくれたように、
筋トレは、あなたの人生を必ずよいものにしてくれる。
僕は心からそう信じている。

フィジカルトレーナー
井谷 武

井谷 武（いたに・たけし）

フィジカルトレーナー・武道家。1987年大阪府生まれ。神戸大学海事科学部卒業。虚弱体質だった自分を変えるため、13歳で柔道とトレーニングを開始。大学卒業後、夢だったUFC世界チャンピオンを目指して修行のためブラジルへ。帰国後、K-1選手との練習中、首の骨を骨折する重傷を負い、選手生命を絶たれ指導者に転身。2012年より東京大学大学院の筋肉研究の権威、石井直方教授に師事し、筋肉の重要性と正しいトレーニング理論を学ぶ。シンプルな４つの筋トレと操体法などを組み合わせた『井谷式 ４つの基礎トレ』を開発・提唱。高齢者から子供、トップアスリートまで幅広いトレーニング指導を行う。また、ギックリ腰やムチウチなどの怪我や身体の不調の改善も得意とする。現在、京都大学柔道部特別技術指導員。UFC4代目フェザー級チャンピオン・マックス・ホロウェイ専属コーチ。アメリカ・スミソニアン博物館リサーチャー（研究者）。
〈ホームページ〉https://itaniathletic.com
〈インスタグラム〉https://www.instagram.com/itanitakeshi

自分史上最高のパフォーマンスを引き出す
知性を鍛える究極の筋トレ

2020年4月2日　第1刷発行

著者　井谷武
発行者　鉄尾周一
発行所　株式会社マガジンハウス
〒104-8003　東京都中央区銀座3-13-10
書籍編集部 ☎03-3545-7030 受注センター ☎049-275-1811

印刷・製本所　凸版印刷株式会社
カバーデザイン　井上新八
本文デザイン　フロッグキングスタジオ
撮影　深水敬介、山城健朗
撮影協力　TRUCK FURNITURE（トレーニングページの「イス」）
図表制作　hachiii（Table Magazines）
構成　遠藤励子
Special Thanks（敬称略）　石井直方（東京大学大学院・教授）、工藤公康（プロ野球監督）、井上康生（柔道全日本男子監督）、高西文利（マルヤジム会長）、松本範子（園田女子大学・教授）、京都大学柔道部、岩本美高（理容イワモト・マスター）、中川マイケル（ディスティニー世界チャンピオン）、マックス・ホロウェイ（UFCフェザー級４代目世界チャンピオン）、僕のトレーニングのクライアントの皆さん、愛する家族とくま（柴犬）

ISBN978-4-8387-3079-7 C0075